Frauen verschiedener Generationen kommen in diesem Buch zu ihrem privat-intimen Thema zu Wort: Sie erzählen die Geschichte ihrer Menstruation.
Junge Mädchen schildern ihre Erfahrungen mit dem ersten Einsetzen der Regel und sprechen über Sexualität, über ihr Körpergefühl, ihre Ängste und ihre Lust.
Fruchtbarkeit und Kinderwunsch, Verhütung und die Frage nach dem eigenen Lebensentwurf stehen für Frauen der nächsten Generation im Mittelpunkt.
Der Zyklus, sein Einfluß auf den Lebensrhythmus und die Auseinandersetzung mit der bald endenden Fruchtbarkeit haben für Frauen mittleren Alters eine ganz andere Bedeutung als für diejenigen, die in den Wechseljahren oder schon darüber hinaus sind.
Verblüffende Gemeinsamkeiten, aber auch individuelle Unterschiede werden in diesem Buch behutsam zutage gefördert und von den Autorinnen interpretiert. Der Band behandelt damit auch ein Stück Sitten- und Hygienegeschichte des zwanzigsten Jahrhunderts.

Karin Kraus, geboren 1956, lebt und arbeitet in Frankfurt am Main als selbständige Supervisorin und freie Autorin.
Gudrun Reinke, geboren 1949, Mutter einer 20jährigen Tochter, lebt in Hamburg und arbeitet als freie Journalistin.

Karin Kraus
Gudrun Reinke

Von der Pubertät bis zu den Wechseljahren

Erfahrungen mit der Menstruation

Fischer Taschenbuch Verlag

Die Frau in der Gesellschaft
Herausgegeben von Ingeborg Mues

Originalausgabe
Veröffentlicht im Fischer Taschenbuch Verlag GmbH,
Frankfurt am Main, Mai 1996

Gesamtherstellung: Clausen & Bosse, Leck
Printed in Germany
ISBN 3-596-12536-7

Gedruckt auf chlor- und säurefreiem Papier

Inhalt

Wir danken allen Frauen für ihre Offenheit und für ihre Bereitschaft, die Erfahrungen mit ihrer Menstruation zu veröffentlichen.
Unser Dank gilt auch den Mitarbeiterinnen des Bereiches »Frau und Gesundheit« im Feministischen Frauengesundheitszentrum in Frankfurt am Main, der Frauenärztin Marlies Kelzenberg und dem Frauenarzt Dr. Ralf Hilpert, beide aus Frankfurt am Main.
Frau Ulla Klos verdanken wir viele Impulse und Ideen für dieses Buch.

Statt eines Vorworts

»Wie Karla durch die Ritzen der harzig riechenden Bretter auf ihr zerstörtes Wurzelwerk schaut, spürt sie es feucht werden in der Unterhose. Eigenartig warm spürt sie es rinnen. Dabei hat sie gar keinen Druck auf der Leitung und auch keinen Husten, der ihr das Wasser in die Hosen treibt.
Karla hockt sich hin, um die restliche Seiche auf den Boden rinnen zu lassen. Wie sie die Hose hinunterzieht, sieht sie Blut zwischen den Beinen. Auch in der Unterhose ein großer, dunkelroter Patzen. Karla gibt es einen Stich in den Bauch. Sie glaubt, daß sie verblutet, einfach von innen her ausrinnt bis zum letzten Tropfen. Aber es sprudelt nicht richtig. Sie hat einmal gesehen, wie der Nachbar in die Kreissäge gekommen ist und sich den Zeigefinger abgesägt hat. Da hat sich das Blut direkt aus dem Finger gestoßen. Wie aus einem Gartenschlauch ist es durch die Gegend gespritzt, aber der Nachbar ist trotzdem nicht gestorben.
Karla hockt sich ordentlich hin und schaut nach, von wo das Blut genau kommt. Sie kann sich nicht erinnern, daß sie irgendwo angerennt ist. Sie schaut genau. So gründlich, wie sie schon lange nicht mehr bei sich nachgeschaut hat. Sie entdeckt dunkle Stoppel, die aus ihr herauswachsen. Es sieht aus, wie wenn der Vater seinen Bart drei Tage lang nicht rasiert hat. Vielleicht sind ihre Stoppel nicht ganz so schwarz und hart.
Karla zuckt zusammen. Ob das normal ist, was mit ihr passiert? Am liebsten würd sie diese Stacheln einzeln ausreißen, wenn sie nicht so kurz wären und sich nicht immer wieder wegbiegen würden.«

(Auszug aus: Gabriele Kögl, »Das Mensch«, Göttingen 1994, Seite 114/115.)

Einleitung

Es passiert jeden Monat im verborgenen, diskret, privat: Frauen bluten, ohne Aufsehen zu erregen, ausgestattet mit den Hygieneartikeln, die ihnen Freiheit und Geruchlosigkeit versprechen. Ob Binden, Tampons oder Monatsschwämmchen: Die Umsätze steigen von Jahr zu Jahr. Immer neue Produkte, neue Formen, Farben und Materialien konkurrieren auf dem Markt um die Gunst der Käuferinnen. Mehr als eine Milliarde Mark jährlich geben Frauen in Deutschland für ihre Monatshygiene aus.

Gerüche oder gar Flecken in der Kleidung sollten möglichst nicht entstehen und keinesfalls von anderen bemerkt werden. Niemand darf etwas davon mitbekommen, Frauen fürchten sich vor sichtbaren Blutflecken in ihren Kleidern oder Hosen. Wann und wie Frauen ihre Menstruation erleben, sollte ihr Geheimnis bleiben. Die Werbung argumentiert mit Begriffen wie »Sicherheit«, »Reinheit« und »Für einen keimfreien Umgang mit der Blutung«.

Auch am Arbeitsplatz von Frauen sollte sich die Menstruation unbemerkt abspielen. In einem Büroneubau, in dem 75 % der Belegschaft Frauen sind, fanden wir zwar einen besonderen Raum zum Zähneputzen, einen Ruheraum für Mitarbeiterinnen, die Menstruationsbeschwerden haben, gab es jedoch nicht. Wenn es Frauen während ihrer Periode einmal nicht gutgeht, bleiben sie oft nicht zu Hause, sondern versuchen trotzdem, ihre Arbeit zu tun. Dabei haben mehr als 80% aller Frauen während ihrer Periode Schmerzen, so Schätzungen, und mehr als 40% sind wegen Beschwerden vor oder während der Menstruation sogar in ärztlicher Behandlung. Vielen werden dann Schmerzmittel zur Linderung ihrer Beschwerden verordnet.

In einer wissenschaftlich-ethnologischen Untersuchung zum Umgang anderer Völker mit der Menstruation fanden wir den Hinweis, daß menstruierenden Frauen monatlich zwei bezahlte freie Tage zustehen.[1]

1 SCHLEHE, Judith: Das Blut der fremden Frauen. Menstruation in der anderen und in der eigenen Kultur, Frankfurt am Main 1987, Seite 234; zitiert nach:

Die Menstruation von Frauen kommt in unserem Alltag kaum vor.
Das ist um so erstaunlicher, als die Periode, rechnet man die Tage der Blutung innerhalb eines durchschnittlich normalen Zyklus von der Menarche bis zur Menopause zusammen, insgesamt etwa einen Zeitraum von vier Jahren ausmacht. Auch wenn die Blutung real nur durchschnittlich einige Tage im Monat dauert, tragen viele Frauen doch immer ein kleines Sortiment von Hygieneartikeln in ihrer Handtasche mit sich, um für den Fall einer unvorhergesehenen Blutung gewappnet zu sein. Es ist ein Gefühl der Sicherheit, diese Art von individueller Vorsorge zu treffen, »für den Fall des Falles«.
Anders die Beseitigung der benutzten Binden und Tampons, sie ist, außerhalb der eigenen vier Wände, manchmal nicht ganz einfach. In den meisten öffentlichen Toiletten ist per Verbotsschild untersagt, Binden oder Tampons in die Toilette zu werfen, eine Alternative in Form eines Abfalleimers ist jedoch oft nicht vorhanden. Ob allerdings die Beseitigung der Monatshygieneartikel so durchdacht und begründet sein muß, wie es folgendes Beispiel zeigt, ist eine andere Frage. In der Damentoilette einer Behörde fanden wir über dem Abfalleimer einen bemerkenswerten Begleittext:
»Um Ihrem Hygienebewußtsein gerecht zu werden, haben wir uns ernsthafte Gedanken über eine ästhetische Form der Abfallbeseitigung von Binden, Tampons und Watte gemacht. Aus diesem Grund steht ab sofort ein geräumiger Kunststoffbehälter in jeder Damentoilettenkabine. Die Deckelklappe hat eine Gegenblende, die beim Öffnen eine Einsicht in das Innenleben des Behälters unmöglich macht. Kein Bücken mehr, kein Verpacken, kein unangenehmer Anblick oder gar Geruchsbelästigung wie beim alten Behälter, wenn der Deckel hochgehoben wird. Und das Besondere: Im Inneren befindet sich eine Spezialflüssigkeit, um alle Abfälle geruch- und bakterienfrei zu machen. Für Sie alle bedeutet dies höchsten Hygienekomfort.
Da die Firmenleitung auf diese Art auch Rohrverstopfungen und

BERNINGHAUSEN, Jutta/KERSTAN, Birgit: Die Töchter Kartinis. Berichte und Reportagen aus dem Leben indonesischer Frauen, Berlin 1984.

Umweltverschmutzungen vorbeugen möchte, bitten wir Sie hiermit eindringlich, alle genannten Abfälle, die nicht in die Toilette gehören, auf jeden Fall in die hierfür vorgesehenen Behälter zu werfen.
BEHÄLTER AUF KEINEN FALL ENTLEEREN!!!
Vielen Dank!«
Es entsteht der Eindruck, daß es sich bei gebrauchten Monatshygieneartikeln um giftigen Sondermüll handelt, der in neutralisierenden chemischen Substanzen lagern muß, um Mensch und Umwelt zu schützen.
Entweder wird aus der monatlichen Abfallbeseitung ein großes, hygienisches Problem gemacht, oder es wird ignoriert. Ein selbstverständlicher Umgang damit findet auch hier nicht statt.
Auch im allmonatlichen Erleben ihrer Blutung fanden wir bei den Frauen bisweilen Extreme: von Ekel über Leiden bis hin zur euphorischen Idealisierung.
Ein Teil der Frauen, die viele Beschwerden während der Periode haben, verteufeln ihr Blut, weil sie jeden Monat von neuem sehr darunter leiden. Sie finden es unangenehm und störend.
Andere ekeln sich vor ihrer Blutung, fühlen sich unsauber und unwohl. Für viele ist deshalb das Benutzen von Tampons eine gute Lösung, weil sie dann nur wenig mit ihrem Blut in Berührung kommen. Das Blut wird schon im Körper aufgesogen, dringt nicht nach außen, und die Bewegungsfreiheit wird nicht eingeschränkt.
Andere Frauen kümmern sich nicht besonders darum, sie registrieren es nur, die Periode gehört eben dazu. Es sind meist diejenigen, denen die Menstruation kaum Beschwerden oder Verstimmungen bereitet.
Eine weitere Gruppe sind die, die ihren Zyklus genießen, die den Rhythmus ihres Körpers bewußt wahrnehmen. Sie fühlen sich meist sehr mit ihrer Periode verbunden, sind eingebettet in ein natürliches Kommen und Gehen. Sie empfinden ihr Leben als Teil des natürlichen Wandels: wie Tag und Nacht, Sonne und Mond, Jahreszeiten, Geburt und Tod.
In den vergangenen zwei Jahrzehnten hat sich das Verhältnis vieler Frauen zu ihrer Menstruation verändert. Viele haben sich mit Themen wie Sexualität, Körpererleben, Kinderwunsch, Schwangerschaft, Geburt und Wechseljahre beschäftigt und sich damit im

Freundinnenkreis, in Frauengruppen, in Frauengesundheitszentren und in Selbsterfahrungsgruppen auseinandergesetzt. So haben wir z. B. aus dem Frauengesundheitszentrum in Bremen erfahren, daß Frauen ihrer eigenen Einstellung zur Menstruation nachgehen wollten, ihre Mütter dazu befragten und feststellten, daß ihr Umgang mit der Menstruation sehr an das Verhalten der eigenen Mutter angelehnt war, selbst wenn sie sich nicht mehr erinnerten, wie diese sich verhalten hatte.[2] Ein niedergelassener Gynäkologe bestätigte dies und berichtete von Patientinnen, die sich hinsichtlich ihrer Wechseljahre sehr stark an den Erfahrungen ihrer Mütter orientierten. Manche lehnten z. B. Hormonbehandlungen mit dem Argument ab, daß auch ihre Mutter die Wechseljahre ohne Hormonbehandlung überstanden habe.

Trotz dieser, meist unbewußten, Orientierung am Verhältnis der eigenen Mutter zur Menstruation fanden viele Frauen eine neue Einstellung zu ihrer Blutung. Sie suchten nach neuen Wegen, um mit ihren Beschwerden umzugehen. Sie entwickelten eine Reihe Selbsthilfemöglichkeiten, wollten nicht mehr so viele Medikamente gegen die Schmerzen nehmen. Sie arbeiteten mit Methoden der Naturheilkunde und forschten nach überliefertem Wissen in Familien. Seit Beginn der neuen Frauenbewegung bieten Frauen auch Beratungen und Kurse hierzu an, veröffentlichen ihre Informationen in Büchern und Broschüren. Es erschienen zahlreiche Ratgeber zur gesundheitlichen Aufklärung von Frauen, so auch zum Thema Menstruation.

Zugleich richteten die Frauen auch den Blick auf negative Vorstellungen und Vorurteile gegenüber dem Menstruationsblut und der menstruierenden Frau.

Im Alten Testament, im 3. Buch Mose (15./19–24), ist z. B. zu lesen: »Wenn ein Weib ihres Leibes Blutfluß hat, die soll sieben Tage beiseite getan werden. Wer sie anrührt, der wird unrein sein bis auf den Abend. Und alles, worauf sie liegt solange sie ihre Zeit hat, wird unrein sein. Und wer ihr Lager anrührte, der soll sich waschen und

2 DELANEY, Janice/ LUPTON, Mary/ TOTH, Emily: The Curse (1976); in: Courage Sonderheft 1, übersetzt von Adelheid u. Christine ZÖFEL: Menstruation. Die Kulturgeschichte eines Tabus, Berlin 1979, Seite 31–33.

sich mit Wasser baden und unrein sein bis auf den Abend. (...) und wenn ein Mann bei ihr liegt, und es kommt ihre Zeit an bei ihm, der wird sieben Tage unrein sein.«

Frauen wurden auch von bestimmten Unternehmungen der Gemeinschaft ausgeschlossen, weil sie bluteten. Man sagte ihnen nach, den Wein zu verderben oder durch Berührung Rosen zum Verblühen zu bringen. Einige dieser Vorstellungen sind mancherorts heute noch erhalten, z. B., daß eine menstruierende Frau nicht einkochen und keine Eierspeisen zubereiten darf.

Heutzutage verbreitet ist auch noch die Meinung, daß Frauen während der Zeit ihrer Periode auf Geschlechtsverkehr verzichten sollten. Monatsblut und Sexualität, das hat nichts miteinander zu tun. Sexualität »gehört« in die Eisprungzeit zur Zeugung von Kindern. Und obwohl wir heute wissen, daß Sexualität während der Menstruation nicht schadet, sie sogar krampflösend und entspannend wirken kann, verzichten viele Frauen darauf.

Dabei hat die aktive Auseinandersetzung mit dem Thema Menstruation, das Darüber-Sprechen und die gegenseitige Beratung, ob mit der besten Freundin, der Schwester oder in Gruppen, bereits einer Vielzahl von Frauen einen neuen Blick ermöglicht. Sie erfahren Zusammenhänge, die sie vielleicht nicht sehen konnten, solange sie über ihre Blutungen schwiegen: Eine unglückliche Liebe, ein unerfüllter Kinderwunsch, Probleme am Arbeitsplatz oder mangelnde Aufklärung können dazu beitragen, die Zeit vor oder während der Blutung als unangenehm, schmerzhaft oder lästig zu empfinden. So kommen in einer neueren Forschungsarbeit Wissenschaftler zu dem Ergebnis, daß Menstruationsbeschwerden auch entstehen, wenn Frauen einen intensiven Kinderwunsch hegen und die Periode für sie das verlorene Glück mit einem Kind symbolisiert. Depressive Verstimmungen und Unwohlsein können die Folge sein.

So interessant manch neuer Theorieansatz zu diesem Thema auch sein mag, entscheidend ist letztlich, was Frauen selbst dazu zu sagen haben. So ist es ein Anliegen dieses Buches, mit Hilfe der Aussagen von Frauen verschiedensten Alters eine neue, selbstverständlichere Einstellung zum Monatsblut zu entwickeln.

Jedes Mädchen, jede Frau, so haben wir es in unseren Gesprächen immer wieder gehört, hat ihren ganz eigenen Umgang, mit ihrer

Menstruation, ihren eigenen Rhythmus. Während die einen schon zwei Tage zuvor verspannt und leicht mißgestimmt die Zeit ihrer Blutung erwarten, sind die anderen »gut drauf«, fühlen sich potent und besonders kreativ in diesen Tagen. Wir haben in diesem Band sehr unterschiedliche Erfahrungen von Frauen mit ihrer Menstruation zusammengestellt. Die Aufklärung und deren Bedeutung für das Frausein werden dabei ebenso behandelt wie das Thema Menarche. Der Umgang junger Frauen mit ihrer Periode und der Verhütung ist ein weiterer Schwerpunkt. Auch das Thema Wechseljahre wird angesprochen, das in der Vergangenheit eher negativ gesehen wurde, weshalb es vielleicht vielen Frauen auch heute noch schwerfällt, einen positiven und hoffnungsvollen Sprung aus der Zeit der Fruchtbarkeit heraus in einen neuen Lebensabschnitt zu wagen.

1. Kapitel
Nicht mehr Mädchen, noch nicht Frau – Reaktionen auf das erste Blut

Während Mädchen noch vor wenigen Jahrzehnten in völliger Unwissenheit über die Entwicklung ihres Körpers auf die erste Menstruation zusteuerten, hat sich dies inzwischen verändert. Aufklärung und Sexualkunde in der Schule, im Biologie- oder Religionsunterricht, gehören zum Lehrplan. Jugendzeitschriften beschäftigen Spezialistinnen, denen junge Mädchen schreiben, mit denen sie telefonieren können. Hersteller von Hygieneartikeln sichern sich den Kontakt zu ihren jungen Kundinnen, indem sie Hochglanzbroschüren zum Thema Menstruation und Videofilme als Unterrichtsmaterialien an Schulen weitergeben. 170000 Telefonanrufe im Jahr erhält allein ein Unternehmen, das sich ein Informationstelefon für Fragen zu Menstruation und Monatshygiene leistet. Institutionen wie Pro familia bieten Seminare für Mädchen in der Pubertät an.

Das vielfältige, öffentlich zugängliche Aufklärungsangebot könnte den Eindruck erwecken, daß junge Mädchen gut über die Abläufe in ihrem Körper aufgeklärt sind. Oftmals, so haben unsere Gespräche mit Mädchen gezeigt, geht allerdings die öffentlich verfügbare Aufklärung an ihren Interessen vorbei. Vielfach sind ihnen die Biologie-Unterrichtsstunden zu trocken oder zu sehr auf die Körperfunktionen bezogen, ohne die Fragen nach Sexualität und Lust zu beantworten.

So kommt in diesem Zusammenhang der Aufklärung von jungen Mädchen in der Familie eine bedeutende Rolle zu. Mädchen sind darauf angewiesen, daß sie von den Eltern oder anderen Bezugspersonen einfühlsam und sensibel auf die Veränderungen ihres Körpers vorbereitet werden. Häufig aber sind der Beginn der Pubertät und die erste Monatsblutung für die Mutter-Tochter-Beziehung und für die Familie insgesamt eher verunsichernd. Die Tochter, die bis dahin ein Kind gewesen ist, steht nun mit ihrer körperlichen Entwicklung oft für alle sichtbar an einer Grenzlinie vom Kind zum Teenager, zur jungen Frau. Die Töchter entwickeln in der Adoleszenz neue Bedürfnisse und ein anderes Verhalten. Trotz der Veränderungen brauchen sie eine offene und vertrauensvolle Atmosphäre, in der ihre Entwicklung wahrgenommen und liebevoll begleitet wird.

Die Mädchen selbst sind meist sehr unsicher, schämen sich, fühlen sich nicht recht wohl in ihrer Haut und sind unklar in ihren Gefühlen. Gerade jetzt brauchen sie Zuverlässigkeit, Geborgenheit und Vertrauen. Denn die Menarche verändert das Leben junger Mädchen entscheidend. Fortan bluten sie einmal im Monat und sind fruchtbar. Während es die einen sehnsüchtig erwarten, mit der ersten Periode endlich in den Kreis derer aufgenommen zu werden, die »es schon haben«, werden die anderen vom Beginn ihrer Blutung überrascht, sind verunsichert und schämen sich dafür.

Karin Flaake und Vera King stellen in ihrer Studie zum Thema »Weibliche Adoleszenz« fest, daß alle von ihnen befragten Mädchen zunächst mit ihrer Mutter über den Eintritt der Blutung gesprochen haben. Während die Mädchen den Beginn ihrer Blutung als etwas Sensationelles, gleich ob positiv oder negativ, erfahren, fühlen sie sich in den meisten Fällen von ihren Müttern gebremst. Diese beziehen sich nämlich in erster Linie auf Fragen der Hygiene, wenn sie von ihren Töchtern über die Blutung informiert werden. So verschwindet die Sensation in der sofortigen Bearbeitung hygienischer Probleme: Binden oder Tampons, dicke oder dünne, Sportunterricht ja oder nein, Schwimmen oder Reiten usw.[3]

Wir haben in unseren Gesprächen gehört, wie wichtig für die Töchter der Umgang der Mutter mit ihrer eigenen Menstruation ist, wobei hier der kulturelle Hintergrund der Mütter eine wesentliche Rolle spielt.

Für die junge Griechin findet die Auseinandersetzung mit dem Thema Jungfräulichkeit im Zusammenhang mit der Benutzung von Tampons statt. Ein türkisches Mädchen erlebt, daß ihre Mutter sich überhaupt nicht dazu äußert. Hier sind es die Schwestern, die diesen Teil der Begleitung übernehmen. Sie sind die Bezugsper-

3 FLAAKE, Karin/ KING, Vera (Hg): Weibliche Adoleszenz. Zur Sozialisation junger Frauen, Frankfurt am Main 1993.

sonen, geben der Jüngeren die eigenen Erfahrungen – auch über Sexualität – weiter, klären auf und leiten an.
Wir haben, auch in unserer Kultur, nur von wenigen Müttern gehört, die die Menarche ihrer Töchter weder ignorieren noch auf den reinen Hygieneaspekt reduzieren: Es sind Mütter einer Generation, die sich selbst als kaum aufgeklärte Frauen einen anderen Umgang mit ihrer Weiblichkeit und Menstruation gewünscht haben und die jetzt ihren Töchtern etwas anderes bieten möchten. So hat uns eine Mutter erzählt, daß sie am Tag der ersten Menstruation für ihre Tochter und deren Freundinnen ein Fest mit einem großen Essen veranstaltet hat; eine andere lud ihre 14jährige Tochter zu einem Stadtbummel ein und kaufte ihr ein Kleid: Versuche, auf eine neue Weise mit einem wichtigen Element in der weiblichen Entwicklung umzugehen. Dazu paßt die Idee einer 14jährigen, die vorschlägt: »Wenn es dann endlich anfängt, sollten Mädchen miteinander ein Fest feiern!« Uns gefiel dieser Vorschlag gut, denn damit hätten Mädchen außerhalb von Schule und Elternhaus einen Rahmen, in dem sie sich über ihre Menstruation austauschen, sie gemeinsam feiern könnten.[4] Auch würden damit die Mütter entlastet, denn nicht immer sind sie in der Lage, sich mit ihren Töchtern über das Thema Menstruation so auseinanderzusetzen, wie die Mädchen es individuell brauchen.
Wir haben erfahren, daß es jungen Mädchen im Kontakt mit Schwestern oder Freundinnen sehr viel leichter fällt, sich über dieses Thema zu äußern. Die Scham ist dann nicht so groß. Mit Mädchen gleichen Alters können sie leichter über die Veränderungen des eigenen Körpers sprechen. Gemeinsam klären sie praktische Fragen, tauschen Unsicherheiten aus und beschäftigen sich mit Hygieneartikeln. Die Sorge um mögliche rote Flecken in der Hose ist unter Gleichaltrigen ebenso Thema wie die Frage nach der Einengung

4 Die Idee des Mädchens erinnert an Menstruationsrituale in anderen Kulturen. Vgl. hierzu z. B.:
PÜSCHEL, Erich: Die Menstruation und ihre Tabus. Ethnologie und kulturelle Bedeutung, Stuttgart/New York 1988.
DELANEY, Janice/ LUPTON, Mary/ TOTH, Emily: The Curse (1976); in: Courage Sonderheft 1, übersetzt von Adelheid und Christine ZÖFEL: Menstruation. Die Kulturgeschichte eines Tabus, Berlin 1979, Seite 31–33.

durch das Tragen von Monatsbinden. Es ist die Zeit, in der Themen wie Sexualität und Fruchtbarkeit, die Beziehungen zum anderen Geschlecht an Bedeutung gewinnen.
Oft gehen Mädchen in dieser Zeit auch das erste Mal zum Frauenarzt. In der gynäkologischen Praxis findet ein weiterer Teil der Aufklärung junger Mädchen statt. Manche Frauenärzte bieten sogar besondere Sprechstunden für Mädchen an, um ihnen die Angst zu nehmen und sie in einem angemessenen Zeitrahmen zu beraten. Aber auch die Gynäkologen, die kein besonderes Angebot für Mädchen machen, wissen, wie wichtig der einfühlsame Umgang mit ihnen in der gynäkologischen Praxis ist. Eine offene Atmosphäre, viel Zeit und die Bereitschaft, auf Fragen und Befürchtungen der jungen Patientinnen einzugehen, sind sehr entscheidend für einen guten Kontakt. Häufig, so erklärt eine Gynäkologin, haben die Mädchen Angst vor Schmerzen bei der Untersuchung, oder sie kommen, weil sie bereits Beschwerden während ihrer Menstruation haben. Die Bedürfnisse der Mädchen seien allerdings sehr unterschiedlich. Während die einen viel über ihren Zyklus, die Abläufe in ihrem Körper wissen wollen, interessiere die anderen lediglich das Medikament, das ihre Menstruationsbeschwerden beseitigen soll.
Alle Mädchen, die wir kennengelernt haben, waren sich darin einig, daß sie nur bei Beschwerden oder wenn sie Fragen zur Antibabypille hätten, eine gynäkologische Praxis aufsuchen wollten. Frauenärzte bestätigen, daß sie junge Mädchen oft nur dann in ihrer Praxis sehen, wenn sie ein Rezept für die Pille wollen. Ihre Fragen beziehen sich dann in erster Linie auf die Regeln der Pilleneinnahme. Zu erfahren, wie die Pille genau funktioniert, was sich im Körper abspielt, sei meist nicht das Interesse von jungen Patientinnen.
Im Umgang mit Verhütung und Sexualität haben sich bei den Mädchen besonders große Unterschiede gezeigt: Während die einen bereits sexuelle Kontakte zum anderen Geschlecht pflegen, sind die anderen noch weit davon entfernt. Bei allen jedoch herrscht Klarheit darüber, daß sie mit Beginn der ersten Blutung auch schwanger werden können. Ein Wissen, so hat sich im folgenden gezeigt, das die Generation ihrer Mütter und die ihrer Großmütter zu diesem Zeitpunkt nicht hatten.

»Ich habe es niemandem gesagt, nur meiner besten Freundin«
Marie, 14 Jahre, Schülerin

Vor zwei Jahren bekam ich zum erstenmal meine Tage. Damals war ich gerade von einer Feier nach Hause gekommen. Und weil ich schon im Gefühl hatte, daß es bald soweit sein würde, war es nicht so schlimm. Ich habe mir dann eine Binde geholt, als ich den Blutfleck entdeckte. Hier sind ja immer welche im Haus, es sind die Binden von der Freundin meines Vaters. Ich wußte aus der Werbung, wie das mit den Binden läuft. Also machte ich es so, wie ich dachte, und es ging.

Ich habe es niemandem gesagt, nur meiner besten Freundin. Auch mein Vater hat nichts davon erfahren. Daß ich es meiner Freundin erzählte, hängt damit zusammmen, daß wir schon zwei Jahre lang Freundinnen waren. Ich weiß nicht mehr genau, wie meine Gefühle waren, als ich es ihr gesagt habe. Meiner Freundin gegenüber empfand ich keinen Stolz, jedenfalls nicht auf sie bezogen. Aber für mich war ich es schon, denn ich hatte von anderen Mädchen mitbekommen, daß sie ihre Tage wesentlich später kriegten. Deshalb war es für mich gut, als sie da waren, denn ich mußte mir von da an keine Gedanken mehr darüber machen, wann das jetzt endlich soweit sein würde. So gesehen, empfand ich es als Erleichterung. Es war gut.

Am Anfang habe ich natürlich nicht darüber nachgedacht, ob mich das vielleicht eines Tages nerven könnte. Und jetzt ist es schon so, daß es mir manchmal stinkt. Ich nehme immer Binden, das finde ich einfacher. Nur im vergangenen Jahr, als ich für drei Wochen im Urlaub in der Karibik war, mußte ich Tampons nehmen, ich wollte ja schließlich schwimmen gehen. Es ging ganz gut, und über mein Jungfernhäutchen habe ich nicht nachgedacht. Das ist kein Thema für mich.

Schmerzen oder Beschwerden habe ich keine während meiner Blutung. Und da ich sie ziemlich regelmäßig habe, schreibe ich es auch nicht auf. Meistens weiß ich ungefähr, wann sie kommt; oft ist das abends der Fall, da bin ich ja sowieso zu Hause.

Schon im dritten Schuljahr haben wir in der Schule darüber gesprochen. Wir bekamen ein Buch mit Bildern, in dem beschrieben wurde, was den Unterschied zwischen Mann und Frau ausmacht. Zu dem Zeitpunkt war mir vieles nicht klar, das kam dann erst später.

Ich weiß nicht mehr genau, ob ich mit meiner Mutter über die Periode gesprochen habe, denn sie ist gestorben, als ich zehn Jahre alt war. Ich weiß nur noch, daß wir oft zusammensaßen, über vieles sprechen konnten und sie mir alle meine Fragen beantwortete. Auch die, wie Kinder zustande kommen. Wahrscheinlich haben wir auch über die Periode gesprochen, deshalb wußte ich schon eine Menge darüber, als es dann soweit war.

Die erste Periode ist etwas ziemlich Bedeutsames im Leben. Man könnte ab dem Zeitpunkt Kinder bekommen, wenn man es wollte. Aber da ich ja erst zwölf Jahre alt war, habe ich nur darüber nachgedacht, denn in dem Alter kann man noch keine Verantwortung für ein Kind übernehmen.

Ich habe noch nicht mit einem Jungen geschlafen. Und manchmal überlege ich, daß es für die Sexualität ganz gut wäre, wenn man die Periode noch nicht hätte, dann bräuchte man sich darüber keine Gedanken zu machen. Über Sexualität habe ich mit meinem früheren Freund ganz oft gesprochen, mit meiner Freundin nicht.

Darüber nachzudenken, wie es das erste Mal sein wird, finde ich wichtig. Denn bei vielen Mädchen in meinem Alter läuft das mehr so aus Zufall, oder sie sind besoffen. Und es passiert bei manchen sogar mit Jungs, die sie noch nie gesehen haben. Sie lassen sich dann quasi von einem Fremden abschleppen, und dann passiert es. Mein erstes Mal stelle ich mir ganz anders vor, schöner. Ich möchte etwas davon mitbekommen, nicht betrunken sein oder sonstwie komisch drauf. Mich so richtig darauf einstellen, das möchte ich aber auch nicht. Auf jeden Fall soll es mit einem festen Freund sein, nicht mit jemandem, den ich gerade zufällig kennengelernt habe. Ich mag es aber auch nicht, wenn es zu sehr vorbereitet ist. Nach dem Motto: in zwei Wochen, am Freitag um 19 Uhr 15. Das finde ich doof, weil man dann andauernd schon vorher darüber nachdenkt. Es sollte sich einfach so ergeben, vielleicht im Laufe eines Abends, nicht schon Wochen vorher geplant wie eine Reise. Organisierte Sachen klappen doch meist sowieso nicht so gut. Ich stelle mir vor, man plant das so

richtig, und dann hat einer von beiden keine Lust, sie machen es aber trotzdem. Das kann doch nichts werden, oder?
Verhüten würde ich auf jeden Fall mit Kondomen, wenn es das erste Mal spontan passiert. Für die Pille ist es dann ja zu spät, deshalb wären Kondome in dem Moment das Richtige. Ein Risiko eingehen will ich nicht. Manche Mädchen überlegen sich zwar auch vorher, wie sie das mit der Verhütung machen wollen, aber dann passiert es ihnen trotzdem, daß sie es vergessen. Ich wünsche mir, daß ich in der Situation wirklich daran denke. Denn es könnte ja sein, daß ich meinen Kopf verliere und gar nicht mehr denken kann.
Ich bin mir nicht sicher, ob ich später einmal Kinder haben möchte. Ich bin ja erst 14 und gehe mindestens noch, bis ich 18 bin, ins Gymnasium, und dann bin ich ja noch immer nicht fertig. Danach kommt ein Studium oder eine Lehre. So lange will ich noch keine Kinder haben.
Zur Schwangerschaft habe ich noch keine richtige Meinung, ich finde, daß ich das alleine gar nicht entscheiden könnte. Was ich tun würde, wenn ich schwanger wäre, weiß ich nicht. Vielleicht sogar abtreiben. Schließlich ist eine Frau mit einem Kind total eingeengt. Ich finde es unmöglich, daß Männer die Gesetze für die Abtreibung machen, obwohl es doch die Frauen betrifft. Männer wissen doch gar nicht, wie es Frauen dabei geht, wenn sie schwanger sind und das Kind nicht großziehen können. Die sind doch gar nicht in der Lage, das zu beurteilen, finde ich.
Bei einer Gynäkologin war ich noch nicht. Ich hoffe, daß ich da auch nicht so bald hinmuß. Ich würde wahrscheinlich hingehen, wenn ich einen Freund hätte, mit dem ich noch nicht geschlafen habe. Dann könnte ich mir vorstellen, hinzugehen, einfach nur, um einmal nachgucken zu lassen. Aber eigentlich habe ich noch keine richtige Vorstellung davon. Ich weiß nicht, ob ich hingehen würde, wenn nichts wäre. Manche Mädchen haben keine Beschwerden und gehen trotzdem zum Arzt. Die geben damit an. Sie erzählen dann in der Schule, daß sie schon beim Frauenarzt waren. Viele von denen haben noch nicht mit einem Jungen geschlafen. Ich weiß das von denen, die mit mir in der Schule sind, wir sprechen ja untereinander darüber. Die geben damit nur an. Ich würde es niemandem erzählen, selbst wenn es so wäre.

Fragen zur Sexualität oder zum Körper habe ich eigentlich nicht. Ich glaube, ich weiß heute alles, was ich über Sexualität wissen muß. Man kann auch mit Jungs darüber reden, habe ich auch schon gemacht. Manche Jungs sind ganz blöd, mit denen geht nix. Aber manche sind auch echt gut drauf, mit denen kann man sich gut darüber unterhalten. Wenn ich heute wirklich einmal ein Problem hätte, dann würde ich damit bestimmt zur Freundin meines Vaters gehen.

»Ich hab geheult und geschrien: ›Scheiße, ich will das noch nicht‹«

Angela, 16 Jahre, Schülerin

Meine Regel bekam ich schon mit zwölfeinhalb. Ich fand das überhaupt nicht witzig, mir war das viel zu früh. Meine Mutter freute sich darüber und wollte mit mir anstoßen; aber ich hab geheult und geschrien: »Scheiße, ich will das noch nicht.« Damals gab es auch noch nicht diese Flügelbinden, die sich besser in die Hose einlegen lassen. Ich komme sehr gut klar damit. Dagegen diese geraden Dinger, die ich davor nahm! Immer hatte ich das Gefühl, es läuft an den Beinen herunter oder man sieht die Binden in der Hose. Total bescheuert.

Tampons habe ich wieder und wieder versucht, aber es funktionierte nicht. Ich weiß noch, einmal im Urlaub, da war meine Freundin mit. Sie nahm Tampons und konnte schwimmen gehen, ich nicht. Da ermunterte sie mich zu einem neuen Versuch und sagte: »Los, probier es noch mal.« Also gingen wir aufs Zimmer, und ich hatte mir fest vorgenommen: »So, jetzt muß es klappen.« Aber es klappte nicht. Ich bin total sauer deswegen, weil ich nicht schwimmen kann in der Zeit.

Früher hatte ich immer starke Bauchschmerzen während meiner Periode, so daß ich nicht in die Schule gehen konnte und zu Hause bleiben mußte. Ich hab dann meistens Schmerztabletten einnehmen müssen und mit der Wärmflasche im Bett gelegen. Jetzt ist es nicht mehr so schlimm. Die Periode kommt regelmäßig, und es zieht am ersten Tag ein bißchen. Manchmal bin ich auch schlecht gelaunt. Aber ich kann damit leben.

Aufgeklärt wurde ich von meiner Mutter, bei uns ging es total offen zu. Im Bad lag alles rum, und mein Vater und mein Bruder wissen auch darüber Bescheid. Meine Mutter hat mir Tips gegeben für die Hygiene und womit man sich in der Zeit wäscht. Trotzdem weiß ich noch nicht so ganz genau, wie das alles funktioniert.

Den Biologieunterricht fand ich doof. Man hat gemerkt, daß das Thema dem Lehrer unangenehm war. Und die Jungs haben nur gekichert und sich so richtig blöde und unreif benommen. Also das hat mich ziemlich berührt, daß das so blöd lief.

Über Verhütung denke ich öfter nach, weil meine Freundinnen alle schon mit einem Jungen geschlafen haben. Bei mir war es im Urlaub mal kurz davor. Aber dann sagte ich mir: »Was soll ich denn mit einem Kerl in England?« Ich habe meistens ein Kondom dabei, meine Freundinnen auch, schon wegen Aids. Die Pille werde ich wohl nicht nehmen können, weil ich keine Tabletten schlucken mag.

Kinder will ich keine, auch nicht heiraten. Ich möchte eine selbständige Frau sein, bei der der Freund nebenher läuft. Das mit der Ehe ist doch meistens Mist. Ich seh das ja bei meinen Eltern. Die sind geschieden.

»Ein echter Seemann sticht auch ins Rote Meer«

Kerstin, 18 Jahre, Schülerin

Meine Mutter ist Griechin, mein Vater ist Deutscher. Als ich meine erste Menstruation bekam, war ich elf Jahre alt. Ich wußte schon, was das war, wußte, daß ich meine Tage bekommen hatte und daß ich die jetzt eine ganze Weile »am Bein haben« würde. Erst mal dachte ich: Scheiße. Meine Mutter dagegen fand es richtig klasse, weil ich jetzt zur Frau geworden war und dazugehörte. Meine Mutter war stolz auf mich. Sie hat es sofort meinem Vater erzählt. Es war

mir ein bißchen unangenehm, daß da gleich so ein Trara drum gemacht wurde. Es war mir peinlich. Alles so plötzlich, das Blut und alles andere. Ich war nicht sehr begeistert von der ganzen Sache.
Ich wußte, daß man als Mädchen einmal im Monat seine Tage bekommt und daß ich jetzt schwanger werden könnte. Ich wußte auch, daß ich jetzt Binden benutzen mußte. Meine Mutter wollte das so. Sie hatte große Angst davor, daß ich Tampons nehmen würde. Sie befürchtete, ich könnte meine Jungfräulichkeit dadurch verlieren. Am Anfang war das für mich auch o. k., es war kein Thema. Später hat es mir dann ziemlich gestunken, weil mir permanent das Blut an den Binden vorbeilief und in die Unterhosen ging. Irgendwann begann ich dann, Tampons zu benutzen. Das war mit 15 oder 16 Jahren. Ich nahm eine Handvoll Tampons von Freundinnen mit und bunkerte sie zu Hause. Ich mußte sie vor meiner Mutter verstecken. Sie hat es dann irgendwann doch rausgekriegt und nachgegeben. Das war aber ein ziemlicher Streß.
Meine Mutter hatte wirklich große Angst, ich könnte mir mein Jungfernhäutchen verletzen. Deshalb habe ich die Tampons einfach versteckt. Es war ja schließlich eine irrationale Angst von ihr. Man ist ja nicht gleich eine Hure, wenn man Tampons benutzt. Aber die Verhältnisse in Griechenland sind anders. Dort machen sie viel Trara um solche Fragen. Es war ein richtiger Konflikt zwischen uns: Tampons oder Binden. In Griechenland benutzen die Frauen heute noch immer keine Tampons. Die gibt es dort in der Apotheke, nicht im Supermarkt wie hier. Meine Freundinnen hatten damit nicht so eine action. Deren Mütter waren nicht unter Druck deshalb, es ging dort lockerer ab.
Ich konnte es einfach nicht leiden, auf dem Blut rumzusitzen. Mir war das unangenehm, weil ich immer Angst hatte, daß meine Hose diesen riesengroßen, unangenehmen roten Fleck aufweisen könnte.
Meine Aufklärung hat in der Schule stattgefunden. Zu Hause lief das mit der Aufklärung ziemlich verzweifelt. Als meine Eltern es versucht haben, wußte ich das alles schon.
Kurz vor meinem 13. Geburtstag bin ich entjungfert worden. Darüber habe ich mir nicht besonders viel Gedanken gemacht. Er benutzte ein Kondom. Verhütung war für mich wichtig, und ich ach-

tete darauf, daß das auch klar ging. Ich wußte ja noch nicht, wie ich an die Pille kommen sollte. Deshalb ging Verhütung zu der Zeit nur mit Kondomen. Mit 13 war ich auch noch nicht so drauf, daß ich genügend Initiative gehabt hätte, mir die Pille zu besorgen. Im nachhinein denke ich mir nichts mehr zu dieser Sache. Ich habe eine Zeitlang gemeint, es war zu früh und war schlecht. Aber mittlerweile ist es schon so weit weg. Es ist lange her. Ich mache mir keine Gedanken mehr darüber, kann ja doch nichts mehr daran ändern. So war es eben.

Ich hatte in der letzten Zeit eine ganze Menge komplizierter Beschwerden mit meiner Menstruation, weil ich in den vergangenen zwei Jahren quasi ununterbrochen meine Tage hatte. Ich hatte nämlich eine ganz große Zyste im Unterleib. Das war eine ganz üble Geschichte. Es fing an, als ich 16 Jahre alt war. Ich hatte oft Schmerzen, auch wenn ich Sex hatte, tat es weh. Aber wenn ich zum Arzt kam, hat er nichts festgestellt. Die Zyste war flüssig und war nicht zu ertasten. Deswegen hatte sie lange Zeit, um vor sich hin zu wuchern und Verwachsungen und Entzündungen zu verbreiten. Diese Zeit mit diesem Ding in meinem Bauch war echt nicht gut. Ich habe es halt so hingenommen. Es war angeblich die Psyche, und für mich war es dann auch so. Alles andere habe ich dann ausgehalten. Eine Veränderung wäre nur möglich gewesen, wenn mich jemand an der Hand genommen und mich zum Arzt oder ins Krankenhaus geschleppt hätte. Aber so war es nicht. Ich habe damit gelebt. Ich habe zu der Zeit schon nicht mehr zu Hause gewohnt, so daß meine Eltern nichts damit zu tun hatten.

Ich bin mit meinen Dauerblutungen dann ein paarmal zum Frauenarzt gegangen, und jedesmal, wenn ich dorthin kam, blutete ich nicht mehr, so daß der immer nur gesagt hat: »Das ist psychisch.« Na gut, dachte ich mir, es gibt tausend Gründe dafür, warum meine Psyche verrückt spielt. Ich habe die Diagnose hingenommen und mich mit meiner Blutung arrangiert. Aber das war nicht in Ordnung, weil ich durch den ständigen Blutverlust eine Anämie hatte und depressiv geworden bin. Die Zyste saß übrigens auf den Eierstöcken.

Als ich dann ins Krankenhaus kam, fühlte ich mich wie ein Alien. Ich hatte durch den ständigen Blutverlust einen ganz schlimmen

Eisenmangel, grauenhafte Blutwerte. Ich fühlte mich lange wie eine Außerirdische, sah die Welt mit ganz anderen Augen. Ich war sehr depressiv, und zwar wegen des Eisenmangels. Doch ich dachte, meine Psyche sei die Ursache. Daß meine Psyche auf einen akuten Mangel reagiere, darauf bin ich nicht gekommen. Ich war nur noch müde und fertig. Ich war vorher beim Arzt wegen komischer Symptome: Zungenbrennen und einem insgesamt ganz schlechten Körpergefühl. Der Arzt hat sich über meinen Zustand erschreckt. Er nahm mir Blut ab und stellte eine akute Anämie fest, schickte mich zum Röntgen, und dann kam alles heraus. Ich kam dann sofort ins Krankenhaus, und sie haben mir die Zyste herausoperiert. Sie war sehr groß, und es hatte wohl eine Menge Wucherungen in meinem Bauch gegeben. Ich war zwei Monate lang im Krankenhaus.
Dort haben sie mich dann wieder aufgebaut. Aber ich hatte auch noch ziemliches Pech, weil bei der Operation ein Fehler passiert ist. Ich weiß nicht, woran das lag. Vielleicht lag es an meinen tollen Thrombosestrümpfen. Auf jeden Fall haben sie während der Operation ein Gefäß durchstochen. Ich lag also nach der Operation in meinem Bett. Ich weiß noch, daß irgendwann meine Mutter ins Zimmer kam und daß sie einen lauten Schrei ausstieß. An diesen Schrei kann ich mich dunkel erinnern. Ich lag anscheinend in einer riesengroßen Blutlache. Ich hatte drei Liter Blut verloren. Sie mußten mich sofort notoperieren, um das durchstochene Gefäß in der Bauchdecke zu reparieren. Vielleicht war die Ursache für den Fehler die Zyste, die hat ja gedrückt und vielleicht alle Ordnung in meinem Bauch verschoben. Ich habe jedenfalls während dieser Sache auch eine riesige Wut auf die Ärzte gekriegt.
Das hatte im Krankenhaus schon ganz komisch angefangen. Der erste Arzt, der mir begegnete, sah sich die Röntgenaufnahme an und sagte als erstes zu mir: »Na ja, mit Kinderkriegen, das wird ja dann wohl nichts mehr.« Ich habe den angeguckt und habe angefangen zu heulen. Dann bin ich aufgestanden und habe geschrien: »Hier bleibe ich nicht.« Ich wollte nur weg, auf keinen Fall dort bleiben. Schließlich kam der Chef, der hatte den Krach mitgekriegt. Er war ganz nett zu mir und hat mich beruhigt. Er sah die Sache ein bißchen anders, fand, daß das mit dem Kinderkriegen noch unklar sei. Die meisten dieser Fälle gingen gut aus, und viele Frauen könnten auch nach so

einer schwierigen Operation noch Kinder bekommen. Der erste Arzt hat sich nach der Operation dann bei mir entschuldigt. Das fand ich ganz gut.
Ich habe vor einiger Zeit einen ziemlichen Blödsinn gebaut. Ich habe mit einem netten Medizinstudenten geschlafen, der der Meinung war, daß ich nur vom zehnten bis zum 17. Tag fruchtbar sei. Jetzt warte ich auf meine Tage. Aber nach der Operation hatte ich bisher sowieso erst einmal meine Regel. Bevor ich das mit der Zyste hatte, war meine Periode immer regelmäßig, und ich hoffe, daß das auch jetzt wieder so wird.
Eigentlich hatte ich vor dieser Krankenhaussache gedacht, daß ich keine Kinder haben wolle. Aber jetzt erwische ich mich manchmal dabei, daß ich mich für so Kleine interessiere. Früher habe ich Kids immer mehr als lästige, plärrende Bälger gesehen. Aber vielleicht gibt es bei Frauen ja so ein biologisches Ding, das sie Kinder süß finden läßt. Doch im Moment wäre ein Kind nicht gut für mich. Es ist so viel Verantwortung. Man muß sich doch bestimmt 16 bis 20 Jahre richtig intensiv kümmern. Ich glaube, ich will kein Leben führen, in das so viel Verantwortung reinpassen würde. Ich kann es mir nicht vorstellen. Ich bin sowieso sicher, daß ich eine alleinerziehende Mutter wäre.
Sexualität ist für mich sehr intensiv, wenn ich meine Tage habe. Ich finde das gut. Den Männern, mit denen ich zu tun habe, gefällt das auch. Denn schließlich sticht ein echter Seemann auch ins Rote Meer, oder?

»Meiner Mutter konnte ich es nicht sagen, das fand ich zu kompliziert«

Lisa, 15 Jahre, Schülerin

Meine Tage habe ich im letzten Jahr bekommen, das ist jetzt vier Monate her. Ich kam von einem Fest nach Hause, zog mich um und habe es gesehen. Ich war gerade noch 14, inzwischen bin ich 15 Jahre alt geworden. Ich nahm mir von meiner Mutter eine Binde und bin ins Bett gegangen. Ich war von der Schule aus gut informiert. Deshalb habe ich mir nicht so große Gedanken darüber gemacht. In der Schule hatten die Mädchen oft über Bauchschmerzen erzählt, und ich hoffte, daß mir das nicht auch so gehen würde. Es war aber zum Glück bei mir nicht so schlimm, mir war in diesen ersten Tagen nur ein bißchen schlecht.

Meiner Mutter konnte ich es am Anfang nicht gleich sagen. Ich finde das irgendwie kompliziert, ich weiß auch nicht genau, wie ich das ausdrücken soll. Es ist schwer, ihr das zu erzählen. Meine Mutter ist zur Zeit auch wenig zu Hause, sie baut seit einem Jahr mit meinem Vater eine Firma auf und arbeitet ununterbrochen dort. Ich wußte einfach nicht, wie ich es ihr sagen sollte. Sie hat es dann aber selbst gemerkt, vielleicht daran, daß ihr ein paar Binden fehlten. Jedenfalls wollte sie wissen, ob ich noch Fragen dazu hätte. Aber ich wußte ja schon Bescheid durch unseren Lehrer. Der ist wirklich gut, der hat sich ganz viel Zeit genommen, um mit uns darüber zu sprechen. Er hat überhaupt keine Hemmungen. Er konnte alles ganz prima erklären, so daß auch wir Mädchen in der Klasse keine Hemmungen hatten. Wir waren ganz offen, und er erzählte uns auch, daß man Bauchschmerzen bekommen könnte. Und daß es Krankheiten gibt, bei denen man sich anstecken kann, und wie man etwas gegen die Ansteckung tun kann. Er hat sich viel Zeit für uns genommen, das gefiel mir gut.

In meiner Klasse gibt es Mädchen, die denken, daß sie ganz supertoll sind, und erzählen immer rum, daß sie schon beim Frauenarzt gewesen sind. Manchmal glaube ich, sie wollen darüber erzählen, damit man denken soll, daß sie schon mit einem Jungen im Bett waren. Das interessiert mich eigentlich nicht, und ich finde es ziemlich doof, wenn die damit so angeben. Das ist übertrieben. Ich meine, daß das Thema zu ernst ist, um damit anzugeben.

Wenn die so angeben, weiß man auch nie, ob es wirklich stimmt, was sie sagen. Manchmal erzählen sie auch, sie seien schwanger. Darüber kann ich mich ganz schön aufregen. Die nehmen das zu locker. Ich finde, man muß schon achtgeben, was man tut. Mit 14 Jahren ein Kind zu bekommen, das geht nicht, man kann doch dafür noch keine Verantwortung übernehmen. Schließlich hat man doch noch keine Arbeit und auch kein Geld.

Manchmal glaube ich, daß sie mich beeinflussen wollen. Aber ich muß ja schließlich selbst wissen, was ich tue. Ich will jetzt noch nicht mit einem Jungen ins Bett gehen. Ich mache das noch nicht. Und wenn ich es tun würde, dann würde ich es auch nicht überall rumerzählen. Die anderen Mädchen wollen damit beweisen, wie toll und erwachsen sie schon sind.
Ich hatte meine Tage erst fünf- oder sechsmal, immer am Anfang eines Monats. Ich komme mit den Blutungen gut zurecht. Ich kaufe mir meine Binden inzwischen selbst, weil ich die von meiner Mutter nicht mehr nehmen will. Ich kaufe sie mir, wenn ich in die Stadt fahre; in dem Dorf, in dem ich wohne, gibt es kein Geschäft, in dem man Binden kriegen kann.
Mit meinem Vater habe ich nicht darüber gesprochen. Ich weiß nicht, ob meine Mutter ihm erzählt hat, daß ich meine Tage bekommen habe. Ich kann mir überhaupt nicht vorstellen, mit ihm darüber zu reden, er ist mir nicht sehr nah. Dann finde ich es schon einfacher, mit meiner Mutter zu reden; sie hat ja auch ihre Tage, und vielleicht hat sie ja auch manchmal Probleme damit. Sie weiß sicher besser darüber Bescheid als mein Vater, der hat ja keine Periode.
Aber ich hatte ja an meine Mutter noch keine Fragen. Wenn ich heute ein Problem oder eine Frage hätte, würde ich auch eher zu meiner Freundin gehen. Ich finde es einfacher, mit einer Freundin zu sprechen. Die sehe ich schließlich jeden Tag, und mit ihr kann ich über alles reden. Meine Mutter ist nie da, und meine Beziehung zu ihr ist nicht mehr so gut im Moment. Zu meiner Freundin habe ich ganz viel Vertrauen. Wir sind zwar sehr verschieden, aber wir sind gleich alt, und ich finde es dann einfacher, mit ihr über Probleme ins Gespräch zu kommen.
Meine Mutter hat schon mit 17 Jahren ihr erstes Kind bekommen. Sie sagt, das sei zu früh gewesen. Ich soll darauf achten, daß es bei mir nicht so passiert. Ein Kind muß versorgt werden, und man ist dann nicht mehr so frei. Ich weiß, daß ich ganz genau aufpassen muß, damit ich nicht ungewollt plötzlich schwanger bin.
Wenn ich mit einem Jungen schlafen würde, müßte ich deshalb besonders gut aufpassen und auf jeden Fall Verhütungsmittel benutzen. Ich kann mir schon vorstellen, später einmal Kinder zu haben, aber frühestens mit 20 Jahren. 17 ist wirklich zu früh. Jetzt bin ich in

der letzten Klasse vor dem Schulabschluß, danach werde ich in eine Berufsfachschule gehen und dann vielleicht noch Fachabitur machen. Hätte ich mit 17 Jahren schon ein Kind, dann ginge das alles nicht mehr.
Bis jetzt habe ich noch nicht mit einem Jungen geschlafen. Das muß sich von selbst ergeben, das kommt auch auf den Jungen an, wie das dann wird. Ich bin im Moment mit keinem befreundet, ich interessiere mich noch nicht so richtig dafür. Wenn ich jetzt einen Jungen kennenlernen würde, dann wüßte ich nicht, ob ich sofort mit ihm intim werden wollte. Man muß dann auch zusammenpassen, und man muß Lust dazu haben.
Wenn ich meine Tage habe, dann kann ich im Grunde alles machen. Ich finde nicht, daß man in dieser Zeit nicht turnen sollte. Ich störe mich nicht daran, ich fühle mich auch nicht eingeschränkt. Ich bin nur froh, daß ich keine Bauchschmerzen dabei habe, deshalb kann ich auch bei allem mitmachen.
Ich glaube, ich fänd es schön, wenn wir Mädchen uns öfter über unsere Periode austauschen würden. Mich interessiert es schon, wie es den anderen damit so geht. Mit Jungs darüber zu sprechen, kann ich mir nicht vorstellen, die nehmen das nicht richtig ernst. Es könnte ja auch sein, daß Mädchen gemeinsam eine Feier machen, wenn sie ihre Tage bekommen, wie so eine Art zweiter Geburtstag. Das würde mir gut gefallen.

»Nachdem ich den Fleck in meiner Hose gesehen hatte, ging ich in den Supermarkt und holte mir Binden«

Ronja, 17 Jahre, Schülerin

Ich war 15, als ich meine erste Menstruation bekam. Ich wußte, was das ist. Ich wußte auch schon alles, bevor der Aufklärungsunterricht in der Schule begonnen hatte. Ich bekam meine erste Periode morgens früh, das ist bei mir immer so, meine Blutung kommt immer morgens. Ich war zu Hause; zu der Zeit habe ich mit meinem Vater alleine gelebt. Ich habe den Fleck in meiner Hose gesehen, bin dann einkaufen gegangen, um Binden zu holen, und zwar die, die ich von der Werbung her kannte. Damit war die Sache für mich erledigt.

Bei meiner kleinen Schwester ist das heute so, daß sie überall rumrennt und wissen will, wie dieses und jenes ist. Das war bei mir überhaupt nicht so; ich behielt alles für mich, das empfand ich als ganz normal. Ich habe auch mit meinem Vater nicht darüber gesprochen. Es ist ja etwas ganz Natürliches, früher oder später kommen die Tage, so ist das halt. Ich habe nicht das Gefühl, daß es etwas Besonderes ist und daß ich irgend jemandem sagen müßte: »Hör mal, ich habe meine Tage bekommen.« Das hängt wahrscheinlich auch damit zusammen, daß ich nie viel Kontakt zu meinem Vater hatte. Es ist auch deshalb kein Ereignis, das ihn etwas angehen würde.

Mit meiner Mutter war das alles ein bißchen kompliziert. Meine leibliche Mutter habe ich erst vor zwei Monaten kennengelernt, sie hatte sich schon von meinem Vater getrennt, als ich ein Jahr alt war. Damals bin ich mit meiner großen Schwester zu meinem Vater gekommen. Er heiratete wieder, und meine Stiefmutter war für mich wie eine Mutter, sie hat mich großgezogen. Schließlich sind die ersten Jahre doch prägend für das ganze Leben. Sie ist eigentlich meine Mutter. Aber auch sie hat sich von meinem Vater getrennt.

Über Sexualität und solche Dinge habe ich bisher nur mit meiner großen Schwester gesprochen, sie ist fünf Jahre älter als ich. Heute kann ich auch mit meiner Mutter darüber sprechen. Aber zu ihr habe ich kaum noch Kontakt, weil sie woanders lebt. Wäre sie noch dagewesen, dann wäre ich bestimmt zu ihr gegangen. Durch die Trennung habe ich alles alleine gemacht und war auch schon ziemlich selbständig in dieser Sache.

Nach meiner ersten Blutung war dann vier Monate lang nichts. Ich wußte nicht, was los war. Ich war ja schon so alt. Ich machte mir Gedanken darüber, ob ich normal sei. Ich konnte mit niemandem darüber reden. Ich habe mir nur allein Gedanken gemacht, und es gab eine gewisse Unsicherheit, denn viele meiner Freundinnen hatten ja schon ihre Tage. Später dann, als meine Tage wieder kamen, habe ich auch meinem Vater gesagt, wenn er einkaufen ging: »Bring mir bitte Binden oder Tampons mit.« Das hat er dann auch immer gemacht, das war in Ordnung. Aber als ich ihn das erste Mal darum bat, hat er

schon ein bißchen komisch geguckt, doch gesagt hat er nichts. Ab dem Moment war es dann halt so. Er war irritiert, aber eher, weil ich ihn gebeten habe, mir Binden mitzubringen, als darüber, daß ich jetzt meine Tage hatte. Es hat ihn nur erstaunt, daß er die Sachen einkaufen sollte.
Ab dem ersten Moment meiner Periode wußte ich, daß ich nun fruchtbar war. Ich wußte über alles Bescheid. Ich hatte ja meine große Schwester, die wurde von mir früher schon ausgefragt. Sie wußte vieles schon, und ich konnte mit ihr über alles reden.
Bevor ich meine Tage bekam, hatte ich immer schon Freunde, aber mit ihnen war ich nicht sehr intim. Petting gab es da noch nicht, das war erst später. Wir haben uns nur geküßt. Intim war ich mit Jungs erst, als ich meine Tage dann richtig hatte. Ich kann mich noch erinnern, daß ich im Kontakt zu meinem Freund von mir aus dann immer weitergegangen bin. Ich hatte Lust und war verwundert über mich. Vorher wollten die Jungs immer mehr, und ich habe gebremst. Und später war es umgekehrt. Ich glaube, daß das etwas mit meiner Menstruation zu tun hatte. Meine Lust war einfach stärker geworden. Ich ging in die Offensive, und mein Freund war ziemlich überrascht. Er konnte sich das am Anfang gar nicht erklären. Und auch ich wußte anfänglich nicht, woher das kam.
Ich glaube, für einen Jungen ist das nicht so ein Problem, wenn ein Mädchen sich so in die Offensive stürzt. Mein damaliger Freund hat sich zwar gewundert, aber er fand das auch ganz gut. Ich denke, er war froh darüber. Aber geschlafen habe ich nicht mit ihm. Ich weiß nicht, warum ich das nicht gemacht habe. Ich habe mir das schon oft überlegt. Wahrscheinlich hatte ich Angst davor, oder ich dachte, es sei nicht der Richtige. Auch wenn ich total ausgeflippt bin und total in Ekstase war, wußte ich genau, wann für mich Schluß war. Ich wollte nicht, daß er in mich eindrang. Es gibt ja viele Mädchen, die mit ihrem Freund schlafen, nur um ihn zu halten. Das kann ich mir nicht vorstellen, das ist nicht mein Ding, nur mit einem zu schlafen, damit er mich nicht verläßt. Wenn das so ein Typ ist, dann ist das nicht der Richtige für mich.
Nach einer gewissen Zeit hat sich das dann aber umgekehrt. Das erste Mal habe ich an meinem 17. Geburtstag mit jemandem geschlafen, da war ich ganz allein im Urlaub in Spanien. Meine Angst war

ein bißchen verflogen, und meine Einstellung, auf den Richtigen warten zu müssen, war weg. Dann ist es halt passiert. Es war sexuelle Anziehung, verliebt war ich nicht.
Da existieren für mich große Unterschiede. Wenn ich einen Jungen sehe, der mir optisch gut gefällt, dann denke ich, oh, den muß ich haben. Es gibt auch Jungs, die haben einfach eine tolle Ausstrahlung und sind vielleicht nicht so die starken Männer. Ich kann mich in den Charakter und auch in den Körper von jemandem verlieben. Das können aber durchaus auch zwei verschiedene Leute sein. Ich bereue diese Erfahrung in Spanien absolut nicht.
Ich bin sehr lustbetont, wobei das in der Gesellschaft ja sehr verrufen ist. Ich schlafe mit einem Jungen, wenn er mir gefällt. Und es ist mir in dem Moment egal, was die anderen Leute denken oder sagen. Davon lasse ich mich nicht beeinflussen. Ich bin sehr neugierig.
Ich finde es heute nicht mehr so gut, so eine Vorstellung vom Richtigen zu haben. Ich bin zu spontan und möchte in der Situation entscheiden können. Wenn ich also Lust habe, mit jemandem ins Bett zu gehen, dann möchte ich das auch machen können. Ich habe auch schon früh die Pille genommen, weil ich ziemliche Schmerzen während meiner Menstruation hatte. Meine große Schwester hat mich dann einmal zu ihrem Frauenarzt mitgenommen. Und da mir klar war, daß ich sowieso die Pille nehmen wollte, weil sie das sicherste Verhütungsmittel ist, habe ich sie mir auch gleich verschreiben lassen.
Verhütung war dann kein Problem mehr. Nach einiger Zeit habe ich mich auch an das Einnehmen gewöhnt. Ich nehme die Pille immer vor dem Einschlafen. Ich vertrage sie sehr gut, und ich leide auch nicht unter Schmerzen, wenn ich meine Tage habe.
Um Aids mache ich mir eigentlich keinen Kopf. In der Sache bin ich ziemlich gleichgültig. Ich weiß, daß das falsch ist. Es ist jetzt auch nicht so, daß ich jeden Monat mit jemand anderem ins Bett gehe, aber z. B. gestern: Wenn da was passiert wäre! In bestimmten Situationen bin ich doch sehr unvorsichtig. Theoretisch müßte man vorsichtig sein. Wenn ich aber spontan mit jemandem etwas anfange, mache ich mir nicht extra noch den Kopf darum. Das ist falsch, und ich weiß das auch.
Ich mache, worauf ich gerade Lust habe. Das bedeutet auch, daß ich

kein Problem habe, mit einem Jungen zu schlafen, wenn ich gerade meine Tage habe. Hier so Grenzen zu ziehen, nur weil ich meine Tage habe, das finde ich komisch. Es gibt aber Jungs, die sich davor ekeln, das weiß ich. Doch für mich ist das nicht so, schließlich ist es etwas ganz Natürliches, das hat jedes Mädchen.
Ich nehme jetzt immer Tampons. Früher hat meine große Schwester gesagt, ich solle lieber Binden nehmen, bei ihr habe das nicht geklappt, bevor sie mit einem Jungen geschlafen hatte. Sie habe sich zu sehr verkrampft. Bei mir war das nicht so, das ging immer ganz gut.
An den ersten beiden Tagen habe ich immer meine Depri-Phase, dann futtere ich Chips ohne Ende in mich hinein. An diesen Tagen bin ich total schlaff, will niemanden sehen. Es ist einfach so ein inneres Gefühl. Danach kann ich mich richten. Nach den beiden Tagen bin ich dann aber wieder fit.
Was genau während meines Zyklus in meinem Bauch passiert, das weiß ich nicht. Ich habe das zwar im Biologieunterricht durchgenommen, aber so ganz genau weiß ich es nicht mehr. Ich weiß noch, daß man einen Eisprung hat und das Ei dann mit dem Blut herausgespült wird.
Später möchte ich gerne einmal zwei Kinder haben. Einzelkinder sind so Hätschel-Tätschel-Kinder. Aber Kinder will ich erst, wenn der richtige Mann dafür da ist. Wenn ich ihn jedoch nicht finde, dann bekomme ich eben keine Kinder. Es muß schon der Richtige sein. Wenn ich z. B. jetzt einen Freund hätte, mit dem ich mir das vorstellen könnte, dann würde ich aber trotzdem erst Kinder wollen, wenn ich ein festes Einkommen hätte und auch selbst und allein für die Kinder sorgen könnte. Ich möchte zuerst einen Beruf und eine Wohnung haben.
Seit gestern habe ich einen neuen Freund. Wenn es nach mir gegangen wäre, hätte ich gestern schon mit ihm geschlafen. Er wollte nicht, er hat mir gesagt, für ihn sei es noch zu früh. Das war schon ein heftiges Erlebnis. Ich bin das nicht gewöhnt, daß mir so etwas gesagt wird. Trotzdem war ich angenehm überrascht davon. Der hat nicht so zugepackt.
Wenn meine Tage nicht mehr kommen würden, denke ich, daß ich erleichtert wäre. Obwohl ich glaube, daß es älteren Frauen doch

auch sehr zu schaffen macht, wenn sie ihre Tage nicht mehr haben. Ich kann mir vorstellen, daß viele Frauen dann denken, sie seien jetzt keine richtige Frau mehr.

»In unserer Familie redet man nicht darüber«

Gül, 16 Jahre, Schülerin

Ich bin hier in Deutschland geboren, habe aber dann bis zur ersten Klasse in der Türkei gelebt. Später war ich noch einmal eine kurze Zeit in der Türkei, doch jetzt bin und bleibe ich für immer hier. Ich kann mich auf türkisch verständigen, nicht perfekt. Ich rede lieber deutsch.

Meine Menstruation bekam ich vor drei Jahren, an meinem 13. Geburtstag. Ich wußte nicht sehr viel darüber, nur von meinen Schwestern hatte ich mitbekommen, daß ich auch einmal bluten würde und daß man sich dann etwas da reinstecken muß. Meine älteren Schwestern sind drei und sechs Jahre älter als ich.

Das erste Mal, als ich das Blut in meiner Unterhose sah, habe ich mir eine Binde im Bad genommen und die in die Hose gelegt. Ich wollte mit niemandem darüber sprechen. Ich kannte das nicht, daß man über so etwas spricht. Am gleichen Tag habe ich meiner Mutter gesagt, daß ich meine Tage bekommen habe. Sie hat nicht darauf reagiert. Sie saß vor dem Fernseher und hat überhaupt nichts gesagt. Es war ganz normal. Ich kann mich noch genau an diesen Augenblick erinnern. Sie sagte einfach nichts. Meine Mutter kennt es ja auch von ihren Eltern her nicht, daß darüber geredet wurde. Vielleicht ist es ihr deshalb schwergefallen, mit uns darüber zu sprechen.

Ich wußte, daß man ab diesem Tag schwanger werden kann. Das hatte ich so mitgekriegt, ich weiß aber nicht mehr, von wem. Vielleicht war es in der Schule. Ich habe das Gefühl, daß ich es nebenbei mitbekommen habe. Mir war auch klar, was man tun muß, um schwanger zu werden. Ich glaube, daß ich das alles auf der Straße und von Freunden mitbekam.

Heute ist meine Menstruation total unregelmäßig. Manchmal

kommt sie einen Monat gar nicht oder ein paar Tage früher oder später. Ich spüre es aber immer vorher, weil ich dann sehr starke Bauchschmerzen habe. Der erste Tag ist schlimm. Insgesamt dauert meine Blutung ungefähr fünf Tage. Am Anfang blute ich ganz stark, und am Ende ist es nicht mehr so schlimm.

Ich spreche nicht viel darüber. Manchmal sage ich zu Freundinnen, daß ich Bauschmerzen habe, weil meine Periode gekommen ist. Mehr aber nicht. Meine Mutter wollte nie, daß ich Tampons nehme. Sie hat gesagt, daß ich dann entjungfert sei. Sie hat da voll die falsche Einstellung. Ich habe dann trotzdem heimlich Tampons genommen. Ich mache es jetzt aber nicht mehr, es tut mir weh. Ich finde Tampons komisch. Es ist ein komisches Gefühl, wenn da was drin ist. Ich glaube schon, daß ich mir die Dinger richtig eingeführt habe, aber es gefällt mir nicht.

Das mit dem Jungfernhäutchen hat für mich nicht so eine Bedeutung wie für meine Mutter. Sie sagt, man dürfe erst mit einem Jungen schlafen, wenn man heiraten will. Ich sehe das nicht so. Meine Mutter ist 37 Jahre alt. Sie kam mit zwölf oder 13 nach Deutschland, und schon mit 16 hat sie ihr erstes Kind bekommen. Sie war noch ganz jung. Ich habe einmal gehört, daß sie das nicht so wollte. Ich möchte überhaupt keine Kinder. Ich habe Angst, daß ich eines Tages so bin wie meine Mutter. Ich will Sozialarbeiterin werden, also einen Beruf haben. Heiraten möchte ich auch nicht.

Ich bin noch Jungfrau, aber ich habe schon einen Freund. Noch habe ich Angst, mit ihm zu schlafen. Ich will es jetzt noch nicht, erst wenn ich genug Vertrauen zu ihm habe. Ich bin vorsichtig damit. Es gibt viele Mädchen, die das einfach so tun, die sich keine Gedanken darüber machen. Sie machen es, weil der Junge das will. Das kommt für mich nicht in Frage. Wenn ich es dann machen möchte, werde ich mit Kondomen verhüten.

Meine Menstruation ist mir total lästig. Ich finde es blöd, daß ich die Periode habe, obwohl ich doch gar keine Kinder will. Das regt mich voll auf. Ich denke, daß man das hat, weil man als Frau Kinder kriegen kann. Es ist mir unangenehm, es tut weh, Tampons stören usw. usw. Menstruation ist für mich: alles Schlechte in einem.

Ich kann mir nicht vorstellen, mit einem Jungen zu schlafen, wenn ich meine Tage habe. Das finde ich ekelhaft: alles voller Blut. Meine Schwestern sind beide keine Jungfrauen mehr, aber ich weiß nicht, ob sie mit Jungs schlafen, wenn sie ihre Tage haben. Meine Schwestern erzählen mir immer sehr viel von ihren Freunden und von ihrer Sexualität. Aber ich erzähle ihnen kaum etwas über mich. Sie verhüten mit Kondomen und sagen mir immer, daß ich aufpassen und es nicht so früh machen soll.

Ich habe früher schon mit meiner Tante, bei der ich eine Zeitlang wohnte, über Sexualität sprechen können. Es hat mich aber geschockt, als sie damit angefangen hat, weil ich das überhaupt nicht gewohnt war.

Wenn ich meine Tage habe, gehe ich nicht schwimmen, aber beim Turnen ist mir das egal, das stört mich nicht, es sei denn, ich habe ganz starke Bauchschmerzen.

Bisher war ich noch nicht bei einem Gynäkologen, da will ich auch möglichst nicht hin. Ich kann es mir gar nicht vorstellen, daß ich meine Beine spreize, und der guckt dann in mich rein. Mädchen unter sich reden viel darüber. Für mich gab es aber noch keinen Grund, dorthin zu gehen. Und später, wenn ich einmal mit meinem Freund schlafe, brauche ich auch nicht dorthin, weil ich mit Kondomen verhüten werde. Die Pille möchte ich nicht nehmen, dabei kann man ja auch etwas falsch machen, und man muß zum Frauenarzt. Das will ich nicht. Noch bin ich mit meinem Freund nicht soweit, mit ihm zu schlafen. Er macht mir keinen Druck. Er will es auch noch nicht.

Das erste Mal mit einem Jungen zu schlafen ist etwas ganz Besonderes, und das soll dann schön sein.

Wenn ich mal alt bin und meine Tage nicht mehr habe, werde ich das wirklich schön finden.

»Ich bin zu meiner Freundin gegangen und hab gefragt: ›Ist es das?‹«
Kirsten, 16 Jahre, Schülerin

Mit knapp 14 habe ich meine Tage bekommen. Vorher plagten mich schon Zweifel, ob ich sie wohl kriege, weil die meisten in meiner Klasse und meine Freundinnen ihre Regel schon hatten. Als es dann kam, war ich nicht besonders überrascht; ich hab mich aber auch nicht besonders gefreut. Trotzdem beruhigte es mich, daß sie nun da waren und ich nicht mehr darauf warten mußte. Obwohl ich ja erst Zweifel hatte, ob es das nun war. Ich fand nämlich nur so ein bißchen Blut in der Hose. Und da bin ich zu meiner Freundin gegangen und hab gefragt: »Ist es das?« Sie lachte und erklärte mir dann alles Wichtige mit der Hygiene.

Eigentlich wollte ich gleich Tampons nehmen, weil ich Angst hatte, daß man die Binden sieht, aber das ging erst nicht. Ich habe immer und immer wieder die Gebrauchsanweisung gelesen und probiert und probiert. Es klappte nicht. Erst nach unendlich vielen Versuchen funktionierte es dann. Das war vor einem Jahr. Seitdem fühle ich mich auch wohler, wenn ich meine Tage habe, auch weil ich schwimmen gehen kann.

Schmerzen habe ich keine, aber manchmal bin ich schlechtgelaunt und irgendwie gereizt. Ich fühle mich schon anders als sonst. Gelitten unter der Menstruation habe ich noch nicht, nur einmal, als es völlig unregelmäßig kam. Einmal sogar setzte es drei Monate aus, und dann hatte ich es ganz plötzlich so stark, daß es weh tat. Da meinte meine Mutter, ich solle zum Arzt gehen. Was für ein Theater: Fieber messen, Tabletten einnehmen, regelmäßige Untersuchungen. Der meinte, mir fehlt ein Gelbkörperhormon. Aber das habe ich nun auch hinter mir. Gott sei Dank. Seitdem ist es wieder regelmäßig und so, daß ich damit leben kann.

Aufgeklärt wurde ich in dem Sinne nicht. Meine Mutter ist in solchen Sachen eher zurückhaltend. Altmodisch kann man sagen. Was ich wissen wollte, habe ich von meinen Freundinnen. Aber wie es genau funktioniert mit dem weiblichen Zyklus, weiß ich eigentlich noch nicht genau. Der Biologieunterricht hat's auch nicht gebracht,

es war alles so abstrakt und der Lehrer total verklemmt. Und die Jungs erst. Die haben blöde Bemerkungen gemacht und dauernd gelacht. Völlig bescheuert.
Das meiste weiß ich aus Mädchenzeitschriften und über die Gespräche mit Freundinnen. Wir sind total offen miteinander und reden über alles, auch über Sexualität. Einige von denen haben schon mit einem Jungen geschlafen. Ich noch nicht, deshalb mache ich mir auch noch keine Gedanken über Verhütungsmethoden. Ich will auch erst mit meinem Freund schlafen, wenn ich ganz sicher bin, daß ich es auch will. Er akzeptiert das.
Kinder will ich keine, heiraten vielleicht. Mal sehen.

2. Kapitel: Beziehungen, Sexualität und Kinderwunsch – Die Menstruation gehört zum Alltag

Junge Frauen zwischen Anfang 20 und Mitte 30 verfügen schon über längere Erfahrungen mit ihrer Menstruation. Sie sind sicherer im Umgang damit, auch hinsichtlich Fragen der Hygiene. Probleme mit Beschwerden und die individuellen Möglichkeiten des Verhaltens dabei sind geklärt, sie haben sich eingerichtet in ihrer Art, die Periode zu erleben. Themen wie Verhütung, Fruchtbarkeit, Kinderwunsch, die Entscheidung für oder gegen ein Berufs- oder Familienleben oder für die Vereinbarung von beidem miteinander, gewinnen jetzt zunehmend an Bedeutung. Es sind fruchtbare Jahre des Erwachsenseins, in denen viele Weichen für das weitere Leben gestellt werden.

Wir haben in unseren Gesprächen mit Frauen dieses Alters deutlich gespürt, daß die ambivalenten Gefühle aus der Zeit der Mädchenjahre vorbei sind. Einige von ihnen blicken erleichtert zurück, jetzt ist ihnen vieles klarer, kennen sie sich besser aus.

Für viele beginnt eine neue Phase der Auseinandersetzung mit unterschiedlichen Möglichkeiten der Verhütung. Die Pille ist jetzt nicht mehr die einzige Methode. Manche Frauen haben ein kritisches Verhältnis dazu entwickelt. Einige steigen auf andere Verhütungsmittel um, sie wollen ihren Zyklus beobachten, möchten wissen, ob ihr Körper auch ohne Chemie noch »funktioniert«. Sie wollen ihren Hormonhaushalt nicht mehr durch Medikamente beeinflussen. Manche Frauen fühlen sich durch die Pille ihrer unmittelbaren Körpererfahrung beraubt, die sie wiedergewinnen möchten. Sie beschäftigen sich mit natürlicher Verhütung, wollen wissen, ob sie schwanger werden können oder nicht und welche Konsequenzen es hat, wenn es nicht geht. Eine Wandlung hat sich vollzogen: von der Angst vor ungewollter Schwangerschaft zum Wunsch nach Fruchtbarkeit.

Die meisten Frauen dieser Generation haben zwar bereits in der Schule und im Biologie- und Aufklärungsunterricht etwas über den

weiblichen Körper und den Zyklus der Frau gelernt, ein genaues Wissen über diese Zusammenhänge gibt es jedoch nur bei sehr wenigen. So kommt es zu einer erneuten Auseinandersetzung mit dem Zyklus und den Vorgängen im eigenen Körper. Im Gegensatz zum Mädchenalter, in dem enge Freundinnen eine wichtige Rolle bei der Beschäftigung damit spielen, sind jetzt eher Fachleute gefragt: GynäkologInnen und BeraterInnen in Gesundheitszentren und Beratungsstellen.
Das Interesse an Naturheilmethoden und Selbsthilfemöglichkeiten ist bei den jungen Frauen deutlich erkennbar. Die Hinwendung zu alternativen Methoden ist aber keineswegs dogmatisch. Es herrscht bei den meisten eine große Offenheit und Bereitschaft, auch verschiedene Wege zu gehen, um das eigene Ziel zu erreichen.
Die Menstruation ist für die meisten jungen Frauen ein selbstverständlicher Bestandteil ihres Lebens als Frau geworden. Wenn einmal der Rhythmus durcheinandergerät, möglicherweise ein Schwangerschaftsabbruch oder etwas anderes den Zyklus gestört hat, leiden viele Frauen darunter und wollen, daß sich ihr Zyklus wieder einpendelt und sie so ihren gewohnten Lebensrhythmus zurückgewinnen. Für viele ist die Periode ein wichtiger Aspekt ihres Alltags, der ihnen Sicherheit gibt.

»Es war nicht großartig was los, als es bei mir anfing«

Tanja, 24 Jahre, Laborantin

Wir saßen zusammen im Wohnzimmer und sahen fern. Ich mußte zum Klo und habe gesehen, daß schon alles voller Blut war. Mir war klar, daß es irgendwann, in einem gewissen Alter, dazu kommen würde. Aber was es für eine Bedeutung hat, warum man die Periode bekommt usw. usw., das wußte ich nicht genau. Ich ging dann zu meiner Mutter und zeigte ihr meinen Fleck in der Unterhose. Sie sagte nur: »Jetzt hast du deine Periode bekommen.« Das war es dann. Sie gab mir ein Paket Monatsbinden, zeigte mir, wie das mit

dem Klebestreifen funktioniert. Sie hat mir noch gesagt, daß die Blutung einige Tage dauern würde. Ich hatte es aber auch schon bei ihr gesehen, wie das ging, wenn sie ihren Kram hatte. Bei meiner älteren Schwester, sie ist vier Jahre älter als ich, habe ich merkwürdigerweise davon nie etwas mitbekommen. Mir ging es aber an diesem Tag ganz komisch. Es war ein eigenartiges Gefühl, daß das Blut so rauslief, ich konnte nicht so recht etwas damit anfangen. Ich war 13 Jahre alt und wußte, daß ich ab jetzt schwanger werden könnte, aber richtig aufgeklärt war ich nicht.
Bei uns zu Hause wurde darüber nicht gesprochen. Wir waren zwar offen, d. h., wir haben uns nicht voreinander geschämt. Über Sexualität wurde aber trotzdem nicht gesprochen. Meine Mutter weiß, glaube ich, auch nicht, was in ihrem Körper vor sich geht, obwohl sie drei Kinder bekommen hat. Mit ihr habe ich auch kaum Körperkontakt, mit meinem Vater ist das anders. Wir zeigen uns in der Familie unsere Gefühle füreinander nicht so sehr.
Am Tag meiner ersten Blutung hatte meine Mutter mir noch gesagt, daß es alle vier Wochen kommen werde. Begründet hat sie das nicht, es hat mich aber auch nicht interessiert. In der ersten Zeit benutzte ich Monatsbinden, und damit war die Menstruationsfrage geklärt. Einige Zeit später habe ich mich dann mit Tampons befaßt. Das mußte ich auch probieren. Am Anfang bekam ich die Dinger nicht rein. Als es mir dann gelungen war, hatte ich Schmerzen. Da war unten dann einfach etwas drin, das da nicht reingehörte. Es hat gedrückt und tat mir weh. Das war nichts für mich. Ich habe es probiert, weil meine Freundinnen darüber geredet hatten. Sie rieten mir, Tampons zu nehmen, schließlich habe man damit nicht die ganze Sauerei in der Hose. Mit ihnen tauschte ich mich aus, und dafür war es wichtig, auch Tampons auszuprobieren. Intensiv waren diese Gespräche aber nicht. Heute denke ich, daß wir oberflächlich über die Menstruation gesprochen haben, wir wollten uns so benehmen, als wären wir schon Frauen, so wie die Erwachsenen.
Für das Tamponexperiment war meine Jungfernschaft kein Thema. Ich hatte damals eine Freundin, die schon sehr früh mit Jungs schlief. Für sie, die schon keine Jungfrau mehr war, war das alles kein Problem. Sie nahm auch schon normale Tampons. Ich habe es ja erst mal mit den Minis probiert. Aber selbst das ging nicht. Wir

waren damals ungefähr 14 Jahre alt. Sexualität und Geschlechtsverkehr haben mich damals noch nicht interessiert.
Schmerzen oder Unwohlsein empfand ich in der ersten Zeit meiner Menstruation nicht. Meine Beschwerden begannen erst, als ich meinen zweiten festen Freund hatte. Mit 13 bekam ich meine Tage, und mit 16 begann dann diese Beziehung zu Klaus. Mit ihm war ich sechs Jahre zusammen, und in der ganzen Zeit hatte ich unheimlich starke Bauchschmerzen, und ich begann, Tabletten gegen Menstruationsbeschwerden zu nehmen. Die Tabletten verloren aber bald ihre Wirkung, so daß ich dazu überging, sehr starke Schmerztropfen zu nehmen. Zwei Tage vor der Blutung hatte ich schon richtig Panik vor den Schmerzen.
Heute ist es zwar auch so, daß ich ein Ziehen spüre, aber es ist kein Vergleich mit dem, was ich damals durchgemacht habe. Es waren furchtbare Krämpfe. Ich lag im Bett oder auf dem Sofa mit angezogenen Beinen und hielt es oft kaum aus. Es kam mir so vor, als seien meine Schmerzen nicht normal. Meine Mutter hatte auch manchmal Schmerzen, aber nicht so schlimme wie ich. Ich fürchtete, nicht normal zu sein, dachte, es läge daran, daß ich immer so viel Ausfluß hatte. Ich ging zu meinem Frauenarzt und erzählte es ihm. Er hat mich untersucht, stellte aber nichts fest. Er fand die Beschwerden normal, gynäkologisch gebe es kein Problem. Daraufhin hatte ich das Gefühl, ich müßte mich damit abfinden.
Im Laufe der Zeit wurden meine Beschwerden schlimmer, und ich habe vielerlei Methoden der Linderung probiert. Das Hören von Meditationskassetten, Wärmflasche auf den Bauch usw. Ich habe versucht, mich zu entkrampfen, mich zu entspannen. Aber das hat alles nicht funktioniert. Es war schließlich ein fester Bestandteil meines Lebens.
Heute sehe ich das ganz anders, denn als ich mich von Klaus getrennt hatte, waren meine Menstruationsbeschwerden von einem auf den anderen Tag wie weggeblasen. Ich war in einen anderen Mann verliebt. In den ersten Wochen der Beziehung habe ich es wirklich kaum gespürt, als ich meine Tage hatte. Für mich ist das eine merkwürdige Sache, denn ich hätte nie gedacht, daß so etwas so auf die Psyche schlagen könnte. Eigentlich ging es mir mit Klaus ja nicht schlecht. Natürlich gab es einiges, was mir an ihm nicht paßte,

aber trotzdem. Ich war in seiner Familie wie eine Tochter. Die Mutter hatte mich sehr gern und vereinnahmte mich. Aber in den letzten zwei Jahren der Beziehung habe ich gespürt, daß mir das zuviel war. Ich wollte eine solche Integration in seine Familie nicht so gerne. Ich wurde immer großzügig beschenkt, und sogar die Hochzeit war bis ins Detail geplant.
Seit ich jetzt aber mit Bernd befreundet bin, sind meine Menstruationsbeschwerden wie mit einem Schlag weg. Ich kann nur jeder Frau empfehlen, die Probleme mit Unterleibsschmerzen hat, sich zu überlegen, ob das nicht eine psychische Ursache haben könnte. Bei mir war es jedenfalls so, ich bin ganz sicher.
Vielleicht hängt es auch mit unserer Sexualität zusammen. Ich hatte mit Klaus, wenn man es genau nimmt, keine Sexualität. Jedenfalls nicht so eine, die mir viel Spaß gemacht hätte. Ich könnte nicht sagen, daß ich gerne mit ihm geschlafen hätte oder daß ich ab und zu vielleicht mal richtig geil gewesen wäre und mit ihm hätte ins Bett gehen wollen. So war das nie.
Meine Sexualität hat auch schon ganz blöd angefangen, meine Entjungferung war eine einzige Katastrophe. Mein damaliger Freund war schon 18 Jahre alt, und er hat mich gedrängt, mit ihm zu schlafen: »Entweder schläfst du jetzt mit mir, oder du kannst gehen.« Ich war total verknallt, habe ihm nachgegeben und es über mich ergehen lassen. Für mich war das nichts, es tat mir weh, ich war verkrampft. Ich hatte ja auch keine Lust. Danach war ich verwundert darüber, daß es das jetzt gewesen sein sollte, das, worüber immer alle Leute reden. Das konnte ich nicht verstehen. Ich dachte, das ist nicht meine Sache, dann lieber überhaupt nicht. Es ging nicht um Zärtlichkeit, sondern ums Vögeln, ohne Vorspiel, ohne etwas danach außer Schlafen. Es war brutal. Ich fühlte mich nicht als Person, nicht als Frau, fühlte mich nur als Objekt, mit dem er sich befriedigen konnte.
Am Anfang war es mit Klaus besser als mit meinem ersten Freund. Ich hatte das Gefühl, daß es noch schöner werden könnte. Ich war in ihn verliebt, und alles schien rosarot. Er hat mich auch mehr als Frau gesehen. Aber im Laufe der Jahre haben wir dann auch anders miteinander geschlafen. Wir haben es gemacht, weil wir vielleicht schon drei Tage nicht miteinander geschlafen hatten oder wenn er etwas

getrunken hatte oder zugekifft war. Auch mit ihm hielten sich dann die Zärtlichkeiten vorher in Grenzen.
Am Anfang meiner Beziehung zu meinem jetzigen Freund hatte ich richtige Angst, habe mich geschämt, weil ich nicht die Erfahrung hatte. Er ist für mich erst der dritte Mann, und er war schon mit vielen Frauen zusammen. Ich fühlte mich wie ein kleines Kind, mußte alles erst lernen. Ich wollte mit ihm erst darüber sprechen, das ging dann auch, ich konnte ihm vertrauen. Er ließ alles offen, gestand mir zu, daß wir nur dann zusammen schliefen, wenn ich es auch wollte. Er hat mir viel Zeit gelassen, hat mich nicht angegrapscht. Letztlich habe ich ihn sogar verführt. Ich hatte dann viel Lust, mit ihm zu schlafen. Er konnte mit meiner Sexualität umgehen, mit ihm konnte ich sie gut entwickeln.
Damals mit Klaus habe ich mich nicht getraut, über meine Probleme zu sprechen. Ich habe geglaubt, ich sei nicht normal, weil ich nichts in meiner Sexualität empfunden habe. Ich wollte es gerne alleine schaffen.
Heute denke ich, daß Unterleibsschmerzen wirklich in erster Linie psychische Ursachen haben. Denn bei mir war der Zusammenhang zwischen meinem Unglück in der Beziehung zu Klaus und den Beschwerden sehr deutlich.
Die ganzen Jahre hatte ich meine Tage ganz regelmäßig, ich nehme schon lange die Pille. Zwischendurch habe ich sie einmal abgesetzt. Aber auch in der Pillenpause habe ich meine Periode immer regelmäßig gehabt. Selbst die Pille wechselte ich damals, weil ich dachte, es sei vielleicht das falsche Präparat für mich, die Schmerzen kämen vielleicht daher. Die Pillenpause und das andere Präparat haben nichts genutzt. Erst mit der neuen Beziehung veränderte es sich.
Heute dauern meine Blutungen nur zwei Tage, in letzter Zeit ist es auch sehr viel weniger geworden. Ich benutze auch Tampons, insbesondere, wenn ich Motorrad fahre. Manchmal sind die Tampons dann praktischer. Aber insgesamt nehme ich am liebsten Binden. Ich finde es heute fast angenehm, wenn das warme Blut aus mir herausläuft. Das war früher nicht so. Es ist mir nicht mehr eklig. Meine Menstruation belastet mich nicht mehr, es tut nicht mehr weh und nervt mich nicht mehr so wie früher. Heute habe ich auch ein anderes Verhältnis zu meinem Körper. Ich empfinde jetzt vieles als

leichter gegenüber früher, ich bin einfach zufriedener. Ich fühle mich nicht mehr so verkrampft.
Ich habe damals viel geweint, weil ich sehr unglücklich war, sah aber auch keine Fluchtmöglichkeit. Meine einzige Möglichkeit war, nur zwei Tage in der Woche bei Klaus zu sein. Ich habe mir dann Freiheiten in der Beziehung geschaffen, bin einmal die Woche alleine ausgegangen und habe mich mit anderen Jungs vergnügt. Ich habe mit anderen rumgeknutscht und so. Das waren keine Bettbeziehungen, aber es war ein bißchen Spannung in meinem Leben. Dabei kam etwas in Wallung in mir. Mit Klaus passierte einfach zu wenig.
Heute komme ich mir immer noch klein vor. Mein neuer Freund möchte mich gerne heiraten und eine Familie mit mir haben. Aber ich glaube, ich bin noch nicht soweit, ich möchte noch nicht verheiratet sein. Vielleicht ist das nächstes Jahr anders. Ich finde es total süß, daß er mich heiraten will, es gibt mir ein gutes Gefühl. Ich beschäftige mich damit, ich muß es ja nicht sofort entscheiden. Ich habe das Gefühl, ich bin jetzt von 0 auf 100 in zu wenigen Sekunden. Wir wohnen zusammen, haben einen gemeinsamen Haushalt, ein gemeinsames Haus usw. Ich muß das jetzt erst einmal verkraften. Früher hatte ich eine schlechte Beziehung, jetzt habe ich eine glückliche Beziehung, aber ich brauche noch ein bißchen Zeit.
Ich kann meine Sexualität heute ganz gut ausleben. Geilsein und Befriedigtsein, das gab es ja in meinem Leben vorher nicht. Damit hat sich auch das Verhältnis zu meiner Menstruation verändert; sie kann ich auch besser annehmen als früher, finde sie nicht mehr eklig.
Ich möchte bald mal eine Pillenpause machen. Ich nehme sie schon so lange, fast zehn Jahre, und ich glaube, es ist gut, einmal wieder eine Chemiepause einzuführen. Aber damit haben wir ein Verhütungsproblem, denn mein Freund möchte keine Gummis benutzen. Er sagt, das habe er noch nie gemacht, und deshalb wolle er das nicht. Ein bißchen engstirnig ist das, aber dann hat er eben Pech gehabt. Als ich die Pille noch nicht nahm, zu Beginn unserer Beziehung, hatte ich die Gummis besorgt, und er wollte sie nicht nehmen. Ich finde, das ist eine komische Haltung. Er mag keine Kondome.

Aber er will ja auch gerne ein Kind mit mir, lieber heute als morgen. Er hat mir angeboten, für das Kind zu sorgen, er würde Erziehungsurlaub nehmen. Ich will nicht zu Hause bleiben, ich gehe zu gerne arbeiten. Ich möchte schon gerne Kinder haben, die Erfahrung interessiert mich sehr. Aber ich frage mich auch, ob man denn überhaupt heute noch Kinder in die Welt setzen kann.

Die Entwicklung eines Kindes in meinem Bauch, das finde ich ganz klasse. Eine Freundin von mir hat jetzt ein Kind bekommen, ich besuche sie sehr oft und betrachte das süße Baby. Aber ich weiß noch nicht, wann ich mir das für mich vorstellen kann.

Mein Freund denkt daran, wie er unser Haus umbauen kann, damit ein Baby auch noch ein Zimmer hat. Er kauft jetzt einen Kombi, richtet sich schon auf Familie ein. Aber ich habe das ja alles noch in der Hand. Diesmal entscheide ich, wann es soweit sein wird, wann ich Mutter werden möchte. Das wird nicht so laufen wie mit meiner Entjungferung, das habe ich mir fest vorgenommen. Die Verhütung ist schließlich eindeutig in meiner Verantwortung.

Wir müssen jetzt erst einmal sehen, wie wir überhaupt zusammenleben, ob das gut läuft und wir uns gut verstehen. Ich möchte keine Hausfrau sein, immer nur für die Versorgung zuständig. Daran muß er sich schon beteiligen, und das muß er erst einmal unter Beweis stellen. Männer sehen das ja auch meist nicht so eng.

Wenn ich meine Tage nicht mehr hätte, das kann ich mir für mich nicht so gut vorstellen. Das, was ich über Wechseljahr-Symptome weiß, erschreckt mich schon. Die Frauen schwitzen oder fühlen sich schlecht. Für mich wäre das ein Zeichen für Alter. Ich würde denken, daß ich jetzt eine alte Frau bin. Die Menstruation ist auch ein Zeichen von Fruchtbarkeit, und die ist dann ja weg.

»Ich war selig, weil ich dachte, Männer haben das nicht«

Bettina, 26 Jahre, Biologin

Ich weiß noch ziemlich genau, wie es war, als ich meine erste Menstruation bekommen habe. Ich war zwölf Jahre alt. Ich war in der Schule, in der Fünf-Minuten-Pause ging ich aufs Klo, und plötzlich war da dieser rote Fleck in meiner Hose. Ich war völlig begeistert, ich fand das klasse. Ich wußte schon vorher, ich bekomme so etwas irgendwann einmal, und war überhaupt nicht geschockt. Als ich nach Hause kam, wurde meine Mutter ein bißchen sentimental. Für sie war es etwas ganz Besonderes, jetzt hat ihre Tochter auch ihre Tage, ist kein richtiges Kind mehr. Sie kaufte mir dann so komische Hosen mit Gummieinlagen. Aber ich glaube, ich habe sie nur ein einziges Mal benutzt, weil ich sie schrecklich fand.

Meiner Mutter war ihre Menstruation eher lästig. Sie hatte schreckliche Probleme, weil sie dauernd geblutet hat; sie mußte sich deshalb sogar operieren lassen. Sie hatte große Schwierigkeiten und fragte sich, warum man diesen Krempel überhaupt haben muß. Ich denke, ihr Zugang zu meiner Menstruation war in erster Linie der, daß ich damit erwachsener geworden bin.

Für mich war es aber ungebrochen toll, obwohl ich immer furchtbare Krämpfe hatte. Mit 16 war ich auf meinem absoluten Alternativtrip: Ich hatte beschlossen, überhaupt keine Schmerzmittel mehr zu nehmen. Ich habe alles durchlitten, wirklich stundenlang, ganz starke Krämpfe. Ich lag dann mit der Wärmflasche im Bett. Aber zwischendrin hatte ich auch Seligkeitszustände, wenn die Schmerzen vorbei waren. Ich war selig, weil ich dachte, Männer haben das nicht. Ich empfand es auch als etwas ganz besonders Weibliches. Ich wußte in diesem Alter schon, daß ich lesbisch bin. Man könnte jetzt sagen, na ja, du hast ja nur den Ärger, du wirst sowieso nie Kinder kriegen. Es ist mir aber egal, ob ich irgendwann einmal Kinder kriege oder nicht. Ich weiß nicht, ob ich es irgendwann einmal will. Ich weiß auch noch nicht, wie ich das dann anstelle. Aber das Gefühl, daß ich das theoretisch könnte, wenn ich wollte, war schon wirklich toll. Diese Potenz zu haben wurde mir in den Momenten

dieser Seligkeit wesentlich bewußter. Die Möglichkeit zu haben, Leben zur Welt zu bringen.
Ich wußte schon mit zwölf, daß ich lesbisch bin, das war für mich innerlich klar. Ich konnte mich mit dem Konzept »Männerbeziehungen« nicht anfreunden. Männerbeziehungen waren für mich einfach so weit weg, es war wie von einem anderen Stern. Das hat sich auch nie verändert. Ich kannte zwar immer Jungs und jetzt eben Männer, die ich nett fand, so zum Schwätzen, aber mehr auch nicht. Der Gedanke, daraus etwas Intensiveres entstehen zu lassen, kam mir einfach nicht. Es ging überhaupt nicht an mich heran. Es war eine völlig klare Sache für mich. Ich habe Männerbeziehungen nie ausprobiert. Es hat mich nicht interessiert. Das war immer klar.
Ich kenne wenig Männer, die einen direkten Zugang zur Natur haben. Und es tut mir leid, daß auch sehr viele Frauen sagen, der ganze Naturkrempel interessiere sie nicht. Sie empfinden dann die Menstruation auch als lästig und anstrengend, wollen sie überhaupt nicht haben, sehen darin eine Störung ihres alltäglichen Funktionierens. Klar wünsche ich mir das manchmal auch, es nervt mich schon, wenn ich wichtige Termine habe und tierische Schmerzen dabei, das ist stressig. Aber würde man es mir anbieten, dann würde ich meine Menstruation nicht hergeben. Viele Frauen würden so ein Angebot sicher annehmen, glaube ich. Viele wären diese Last, die Schmerzen und das Bluten lieber heute als morgen los.
Bis heute hat sich in meinem Verhältnis zu meiner Menstruation nicht sehr viel verändert, obwohl es auch immer Phasen in meinem Leben gab, in denen ich sehr unter Druck stand und es schwierig war mit meiner Periode.
Menstruation gab es immer, ganz egal ob im Matriarchat oder im Patriarchat. Doch sie erscheint in unserer Gesellschaft eigentlich als Last. Frauen sollen sich so verhalten, daß man die Menstruation nicht mehr bemerkt, nicht mehr riecht, und sie soll nicht mehr auffallen. Die Periode sollte auch keine Schmerzen mehr bereiten, und die Frauen sollten am besten funktionieren so wie Männer auch, ohne Schwankungen. Ich habe schon immer versucht, mich diesen Ansprüchen zu verweigern. Ganz schafft man das natürlich nur schwer, denn auch für mich gelten sie; und man erntet auch die entsprechenden Kommentare, wenn man sich nicht danach richtet.

Heute ist mein Zyklus relativ regelmäßig. Nach der ersten Blutung waren zwar acht Monate Pause, danach ging es dann aber sehr regelmäßig weiter. Inzwischen sind es ca. 28 Tage, einmal zwei Tage früher, dann mal wieder zwei Tage später.

Eigentlich mag ich Tampons nicht, doch wenn es sehr heiß ist und man viel sitzen muß, dann nehme ich sie schon. Ich finde es aber nicht sehr gesund und glaube, daß es besser ist, wenn das Blut rausfließen kann. Es ist ein Fremdkörper, den man einführt und lange drin läßt, das kann einfach nicht so furchtbar gesund sein.

Ich habe das Gefühl, daß es eine korrekte Deutung für die Menstruation in der Zeit der Matriarchate gab. Ich verstehe das so, daß Menstruation ein Erwachsensein und ein »Vollmächtigwerden« von Frauen bedeutet hat. Ich stelle mir das so ähnlich vor, wie wenn Jungs das erste Mal bewußt wahrnehmen, daß sie einen steifen Schwanz bekommen können. Das wird in unserer Gesellschaft sehr hoch bewertet. Die Phallozentrik ist immens. Ich denke, daß ein Junge darüber einen anderen Zugang zu sich selbst hat. Ob er jetzt diese Kraft nutzt, ob er schwul wird oder sonst etwas, das ist egal, aber er kann jetzt etwas, das er vorher nicht konnte. Er fühlt sich sicher dann auch erwachsener als zuvor.

Bei Frauen wird dieser Schritt in der Entwicklung eher unterbewertet. Die Menstruation zu haben ist ja nicht so bedeutend. Bei Männern ist die körperliche Entwicklung in unserer Gesellschaft positiver besetzt als bei Frauen. In den alten Texten über die Matriarchate habe ich gelesen, daß diese positive Bewertung auch für Frauen existierte.

Es gab für mich unmittelbar keinen Zusammenhang zwischen der Entwicklung meiner Sexualität und meiner Menstruation. Das war überhaupt etwas schwierig, denn ich habe mich ganz oft in Schulfreundinnen verliebt, die heterosexuell waren. Ich zog mich dann auch schnell wieder zurück, als mir klar wurde, daß diese Frauen heterosexuell waren. Einen direkten Zusammenhang zwischen meiner körperlichen und sexuellen Entwicklung kann ich eigentlich nicht herstellen.

Menstruation kommt in unserer Arbeitswelt nicht vor. Das finde ich extrem frauenfeindlich. Damit wird den Frauen wieder suggeriert, der Mann ist die Norm, du bist eben nur die Ausnahme. Du bist

eben die krankhafte Abweichung, du bist eben nicht in der Lage, »normal« zu arbeiten, weil du diesen lästigen Rhythmus hast. Für mich ist das eine ganz massive Form von Frauendiskriminierung. Es wäre besser, wenn Menstruation nicht so ein Tabuthema in unserer Gesellschaft wäre. Es müßte mehr Toleranz herrschen und auch selbstverständlich sein, daß man während seiner Menstruation auch einmal früher von der Arbeit weggehen kann, ohne daß es gleich negative Auswirkungen hätte.
Wenn ich davon ausgehe, daß das bestehende System ein wenig freundlicher gestaltet werden könnte, dann wäre es schön, wenn eine Offenheit für die Befindlichkeit von Frauen während ihres Zyklus herrschte. Das wäre schön, man brauchte dann nicht immer ein Attest für irgendwelche Arbeitsausfälle. Optimal wäre es natürlich, wenn Frauen sehr viel freier in der Gestaltung ihrer Arbeitszeit wären. Denn es gibt ja auch Phasen, in denen Frauen besonders fit sind. Ich weiß von mir, daß ich in bestimmten Phasen auch Energieschübe habe. In dieser Zeit arbeite ich viel besser als in Phasen der Depression und des Tiefs. Das gleicht sich doch dann irgendwie aus unterm Strich. Ökonomisch würde vielleicht sogar mehr dabei herauskommen.

»Seit meiner Abtreibung bin ich total verunsichert«

Catrin, 32 Jahre, Pädagogin

Vor ungefähr fünf Wochen hatte ich einen Schwangerschaftsabbruch, und jetzt warte ich auf meine Tage. Ich finde es ganz schön bedrohlich, daß sie jetzt nicht kommen. Es ist zwar klar, daß ich nicht schon wieder schwanger sein kann, aber trotzdem. Eine Schwangerschaft würde ich auch an meinen Brüsten genau spüren. Ich weiß ja jetzt, wie das ist, wenn man schwanger ist, bin es ja gerade erst gewesen. Selten habe ich aber so sehnsüchtig auf meine Tage gewartet. Ich wünsche mir, daß wieder Normalität eintritt. Während ich schwanger war, fühlte ich mich so außerhalb, so ganz anders als sonst. Noch bevor ich überhaupt irgend etwas darüber wissen konnte, hatte ich einen ganz merkwürdigen Traum. Ich träumte von richtig großen Brustwarzen mit einem Milchhof, so wie sie nur schwangere Frauen haben. Das war das erste Anzeichen von Schwangerschaft. Ganz schön beeindruckend, wie das Unbewußte doch schon solche Zeichen setzt.

Mit meiner Entscheidung gegen ein Kind bin ich zufrieden, das war richtig so. Ich habe es mir ja nicht leicht gemacht damit, habe alle meine Freundinnen gefragt, alle Fachleute interviewt und nicht zuletzt alles ganz genau mit meinem Freund besprochen. Das war eine interessante und wichtige Erfahrung, über die ich mir sehr klar bin. Und jetzt, nach diesem Ausnahmezustand, möchte ich wirklich gerne, daß mein normaler Zyklus wieder läuft. Ich fürchte mich in den letzten Tagen davor, daß mein Körper vielleicht doch stärker reagieren könnte, als ich es mir wünsche.

Zur Sicherheit war ich auch noch bei der Frauenärztin, die ist sehr vorsichtig und hat mir geraten, jetzt vielleicht doch die Menstruation einzuleiten, wenn sie nicht von allein kommt. Dazu kann ich mich aber nicht durchringen. Erst der Abbruch, dann schon wieder Hormone, das stinkt mir, und ich möchte unbedingt, daß es von selbst kommt. Vielleicht hinkt mein Körper noch ein bißchen hinter den Entwicklungen her, er kommt offenbar nicht so schnell nach. Es wäre schrecklich für mich, wenn meine Periode jetzt ausbliebe, und ich spüre im Moment sehr deutlich, was sie mir bedeutet. Ich fühle mich zur Zeit steril und fast erkaltet. Wenn ich aber blute und meine Periode regelmäßig ist, dann fühle ich mich warm. Die Vorstellung der Gynäkologin, die meine Regel einleiten möchte, hat mich doch mehr verunsichert, als ich es in der Situation wahrgenommen habe. Im Gespräch mit ihr war ich ganz cool und habe ihr erklärt, daß ich denke, daß mein Körper noch ein paar Tage Zeit brauche. Wenn ich aber so in mich hineinhöre, dann empfinde ich es jetzt doch anders. Ich mußte noch einmal genau auf den Kalender schauen und alle Daten überprüfen. Dabei stellte ich fest, daß ich doch nur zwei oder drei Tage »überfällig« bin.

Ich bin gespannt, ob sich alles wieder einpendelt, weil ich ja auch die ganzen Jahre mit großer Sicherheit und, wie ich glaubte, genauer Kenntnis meiner Fruchtbarkeitsphase verhütet habe. Es hat immer geklappt, und ich bin froh, daß es eine Erklärung dafür gibt, warum ich jetzt trotzdem schwanger werden konnte. Ich hatte Medikamente genommen, deren Wirkung ich unterschätzt hatte. Ich habe es einfach nicht bedacht. Im Rückblick ist es nur plausibel, daß es passiert ist. Auf meine Sicherheit im Umgang mit meiner Fruchtbarkeit ohne Pille, nur mit dem Diaphragma war ich die letzten Jahre immer sehr stolz. Es wäre schrecklich, wenn ich das jetzt nicht mehr sein könnte, wenn durch den Abbruch alles in Unordnung geraten würde und ich jetzt umdenken müßte, insbesondere bezogen auf mein Verhütungsverhalten.

Sexualität ist für mich, ein, zwei Tage, bevor ich anfange zu bluten, sehr lustvoll. Wenn die Blutung dann beginnt, möchte ich meine Ruhe haben. Danach geht es wieder, es ist nur die ersten beiden Tage blöd.

Es gibt ja manche Frauen, die ihre Menstruation so schrecklich finden, daß sie diese Last lieber los wären. Bei mir ist das nicht so. Ich erlebe meine Menstruation als etwas Sinnliches, ich mag den Geruch und erlebe es mit großer Lust, mich durch sie auch fruchtbar zu fühlen. Mein Zyklus ist mir Orientierung in meinen alltäglichen Abläufen. Ich bin während der Menstruation immer so ein bißchen anders. Und wenn ich jetzt so darüber nachdenke, dann war die Stimmung vor und während meiner Periode auch immer dann sehr schwierig, wenn wichtige, verändernde Lebensentscheidungen anstanden. Dann habe ich besonders gelitten. In einer Zeit z. B., als ich meine Jobs zugunsten eines Studiums aufgegeben habe. Eine Entscheidung, die mir sehr schwergefallen ist. Das war während meiner Periode ganz besonders schlimm.

Ich habe ein wirklich gutes Verhältnis zu meinem Blut, obwohl das bei uns zu Hause überhaupt kein Thema war. Außer über Hygienefragen habe ich mit meiner Mutter eigentlich nie darüber gesprochen. Ich erinnere mich nur daran, daß ich als junges Mädchen immer gerne Tampons nehmen wollte, ich sie aber nicht reinbekam. Manchmal habe ich mich dann ins Bad zurückgezogen und es trotzdem probiert. Mit Creme wollte ich die Dinger geschmeidiger machen und sie mir reinstecken. So ein Quatsch, wenn sie reingegangen wären, hätten sie ja gar nichts aufsaugen können, die waren ja eingefettet.

Ich habe mit niemandem darüber gesprochen, erinnere mich auch nicht mehr daran, ob das zwischen meinen Freundinnen und mir ein Thema war. Na ja, irgendwann war es soweit, daß ich die Tampons auch benutzen konnte. Meiner Mutter habe ich dann nur gesagt, ab jetzt kannst du mir immer Tampons kaufen. Das hat sie auch gemacht.

»Menstruation ist etwas ganz Normales, man muß es eben annehmen«

Susanne, 28 Jahre, Arzthelferin

Meine erste Periode habe ich mit zwölf Jahren bekommen. Ich kam von der Schule nach Hause, ging aufs Klo und hatte Blut in der Hose. Ich habe es meiner Mutter gezeigt. »Ja, das ist so etwas«, sagte sie. Ich werde diesen Ausspruch nie vergessen. Sie gab mir eine Binde, und damit war der Fall erledigt. Es kam nichts mehr. Sie gab mir die Binde, wies mich darauf hin, wie oft ich die Binden wechseln müsse. Ich solle sie nicht so oft wechseln, denn man dürfe das Zeug auch nicht verschwenden. Man müsse auch damit sparsam umgehen.

Ich weiß heute nicht, ob ich mir eine andere Reaktion meiner Mutter gewünscht hätte. Ich war in dem Moment, als ich meine Tage bekommen hatte, stolz darauf. Frustriert war ich nicht darüber. Von dem Zeitpunkt an hatte ich meine Tage ganz regelmäßig, alle vier Wochen.

Ich war in der Schule sehr gut aufgeklärt worden, und mir war der Zusammenhang von Fruchtbarkeit, Sexualität usw. ganz klar. Ich hatte keine Beschwerden und ging technisch mit meiner Blutung und den hygienischen Notwendigkeiten um. Ich wußte, daß ich mit dem Beginn meiner Menstruation schwanger werden konnte. Über meine Periode habe ich mir eigentlich keine Gedanken gemacht. Ich habe es so akzeptiert, wie es war. Das ist bei vielen Dingen meine Strategie. Ich nehme das Leben, wie es ist, und versuche, das Beste daraus zu machen.

Ich benutze, seit ich 14 Jahre alt bin, immer Tampons. Binden habe ich nicht lange genommen. Meine Freundinnen haben mir Tampons empfohlen. Es war in dem Alter wichtig, es möglichst bequem zu haben. Mit Tampons konnte man Sport machen und schwimmen gehen usw. Es war für mich kein Problem, daß durch die Benutzung von Tampons vielleicht mein Jungfernhäutchen zerstört werden könnte. Wenn der Tampon das Häutchen verletzt hätte, wäre das auch nicht schlimm gewesen. Ich finde das Jungfernhäutchen nicht wichtig.
Mit 17 habe ich dann die Pille genommen; bis vor drei Jahren. Die Pille war diese ganzen Jahre ein gutes Verhütungsmittel für mich, weil ich ganz sichergehen wollte, nicht schwanger zu werden. Als ich die Pille absetzen wollte, habe ich das mit meinem Frauenarzt besprochen. Damals interessierte ich mich auch für die Spirale. Er hat mir aber abgeraten, er fand die Risiken bei einer Spirale zu groß für mich in meinem Alter. Unfruchtbarkeit und die Tendenz zu Entzündungen waren seine Argumente. Er riet mir, es mit anderen Mitteln zu probieren: Schaumzäpfchen, Temperaturmessen oder Kondome. Temperatur habe ich nie gemessen, das ist mir zu viel Arbeit. Diaphragma ist mir immer unsympathisch gewesen. Der Frauenarzt hat mich ermutigt, mich auch intensiver mit meinem Körper zu befassen. Darüber bin ich sehr froh.
Für mich liegen Menstruation, Sexualität und Verhütung ganz nah zusammen. Ich achte auf meinen Schleim während der fruchtbaren Tage und achte darauf, daß ich während der fruchtbaren Tage keinen Verkehr habe. Ich erkenne den Schleim, der glasig und ziehbar ist. Wenn ich diesen Schleim wahrnehme, muß ich verhüten. Diese Methode habe ich mir durch ein Buch über natürliche Verhütungsmöglichkeiten selbst beigebracht. Ich habe daraufhin zunächst meinen Schleim beobachtet und meine Verhütung darauf abgestimmt. Bis jetzt hat das immer gut geklappt.
Ich bin mir nicht ganz sicher, ob ich ein Kind will. Für mich ist zwar klar, daß ich, wenn ich schwanger werde, das Kind kriegen würde. Aber ich lege es im Moment noch nicht darauf an, unbedingt schwanger zu werden. Es könnte jedoch sein, daß ich es einmal möchte. Für diesen Fall ist die Schleimuntersuchungsmethode auch gut, denn ich weiß ja damit genau, wann ich fruchtbar bin. Wenn es

mir gelingen würde, aufgrund dieser Methode schwanger zu werden, wäre ich stolz darauf.
Manchmal kriege ich mit, daß Frauen sich einen ziemlichen Streß machen, weil sie Kinder wollen und nicht schwanger werden. Ich habe mir vorgenommen, mir damit keinen Streß zu machen. Ich werde keine besonderen Strapazen auf mich nehmen, um schwanger zu werden. Wenn es nicht klappt, dann ist es o.k. für mich. Ich würde nicht in ein Programm zur künstlichen Befruchtung einsteigen. Ich finde, wenn es nicht klappt, dann ist das vom lieben Gott so bestimmt. Ich glaube an Gott und gestehe ihm auch diese Entscheidung über meine Mutterschaft zu.
So empfinde ich das jetzt. Es kann natürlich sein, daß ich mit 30 denke: Mist, jetzt brauche ich ein Kind. Dann könnte es sein, daß ich alles in Bewegung setzen würde. Das behalte ich mir vor. Beim letzten Besuch habe ich meinen Frauenarzt gefragt, ob es einen Punkt gäbe, an dem man sich ganz sicher wäre, daß man ein Kind möchte. Ich warte noch darauf, mir ganz sicher darüber zu sein, daß ich wirklich ein Kind will.
Mein Frauenarzt hat mir dann eine Geschichte von einer jungen Frau erzählt, die sich mit 24 schon hat sterilisieren lassen und die vier Jahre später dringend ein Kind wollte. Diese Frau hat dann mit Hilfe einer künstlichen Befruchtung doch noch ein Kind bekommen. Er wollte mir damit zeigen, daß sich Vorstellungen und Wünsche von Frauen auch immer wieder verändern können und daß es schwer ist, sich ein für allemal festzulegen.
Ich habe mit niemandem über diese Themen gesprochen, nicht mit Freundinnen oder meiner Mutter. Nur mit meinem Mann spreche ich manchmal darüber. Er ist mit meinen Entscheidungen immer einverstanden. Ich habe nicht viel Kontakt zu anderen Frauen meines Alters. Ich bin eine Einzelgängerin.
Ich will möglichst wenig Probleme haben. Ich denke, wenn man sich nicht in alles so reinsteigert, dann ergeben sich auch keine Probleme. Und ich meine, die Periode gehört zur Weiblichkeit und Fruchtbarkeit dazu.
Wenn ich eine Tochter hätte, dann würde ich mich mit ihr über die Menstruation unterhalten und würde versuchen, ihr die Möglichkeit zu geben, Tampons zu nehmen, weil ich Binden eklig finde.

»Ich habe mich erst ziemlich spät als richtige Frau gefühlt«

Frauke, 30 Jahre, Studentin

Ich weiß nicht mehr genau, wann ich meine Tage bekam, aber es war schon ziemlich spät, so zwischen 15 und 16. Ich habe im Grunde genommen sehr lange darauf gewartet, weil ich sehr früh darauf vorbereitet war. Also ab 12, 13 war ich darauf vorbereitet, daß sie hätten kommen können. Und dann haben sie sehr zögerlich eingesetzt, mit sehr großen Abständen.

Meine Mutter hatte mich sehr früh aufgeklärt. Ich bekam auch schon Binden für alle Fälle, ich wußte sozusagen, was zu tun wäre, wenn sie kämen. Aufgeklärt wurde ich irgendwie ganzheitlich, ich konnte immer nach allem fragen, was mich interessierte, und bekam auch Anworten. Und dieses Aufklärungsgespräch ergab sich irgendwie zufällig: Sie erklärte mir, daß es passiert und warum es passiert.

Ich war sehr jung, ich glaube neun oder zehn, und ich wußte von ihr, daß die Fruchtbarkeit von Frauen daran geknüpft war. Viele meiner Freundinnen hatten ihre Regel vor mir, und da habe ich mir dann irgendwie Sorgen gemacht, als ich so 15 war, ob irgendwas nicht stimme und ich zum Frauenarzt müsse. Also rein gynäkologisch, nicht im Sinne von Frausein, darüber habe ich mir damals noch keine Gedanken gemacht.

Für mich war der Beginn meiner Menstruation eigentlich zunächst nur körperbezogen, auch in dem Sinne, daß ich nun Kinder bekommen konnte. Es war ja auch so, daß ich sie anfänglich nur sehr unregelmäßig bekam und ich auch keine Schmerzen hatte. Ich spürte es sozusagen gar nicht. Von Freundinnen dagegen wußte ich, daß sie Brustdrücken hatten oder Schmerzen im Unterleib. Daß es bei denen halt überall zwickte und zwackte. Und ich spürte gar nichts. Bei mir war das zunächst eben alles anders.

Einigermaßen regelmäßig hatte ich meine Tage erst so ab ungefähr 20 und richtig regelmäßig erst seit ungefähr zwei, drei Jahren. Wenn ich unter seelischer Anspannung stand oder auf Reisen war, dann kamen sie später oder früher und manchmal überhaupt nicht. Mittlerweile kann ich es, bis auf eine Ungenauigkeit von zwei Tagen, ziemlich sicher vorhersagen. Es hat sich also stabilisiert, aber einher ging das auch mit gewissen Beschwerden: Die Brust spannte, und ich fühlte mich unwohl. Ich fühle mich nach dem Eisprung irgendwie aufgeblasen, dicker. Insgesamt unbeholfen und tolpatschig. Also mir fallen in der Zeit von elf Sachen zehn runter. Ich bin einfach tendenziell unkonzentrierter und ein bißchen fahrig.

Ich bin während meiner Periode auch seelisch sensibler. Wenn in dieser Zeit etwas passiert, was ich sowieso schwernehme, dann nehme ich es noch schwerer. Es dauert ungefähr sechs Tage, und wenn es kommt, hat es was von aufatmen, erleichtert sein, fließen lassen können. So nach dem Motto: »Endlich ist es da, jetzt läuft es, wie es laufen soll, jetzt ist es gut.« Schmerzen habe ich keine, selten mal Kopfschmerzen oder Blähungen, aber keine Schmerzen im Unterleib. Je regelmäßiger die Periode kam, desto regelmäßiger waren auch diese Begleiterscheinungen. Denkbar ist, daß ich durch die Regelmäßigkeit einfach genauer darauf achte und mir auch mehr Gedanken darüber mache als früher, wo das sozusagen nebensächlich war und ich das auch eher als unangenehm empfand, auch das mit den Binden und dem ganzen Kram. Irgendwie war's schmuddelig. Es war mir eigentlich unangenehm.

Heute dagegen betrachte ich es eher als neutral. Also es ist mir nicht sonderlich angenehm, aber auch nicht besonders unangenehm. Es ist einfach ein Teil von mir geworden. Vor ungefähr vier Jahren begann dieser Einstellungswandel, und er hängt vielleicht mit einem längeren Auslandsaufenthalt zusammen, für den ich mich zwei Jahre zuvor entschieden hatte. Davor nämlich war mein Leben eher schwierig. Und diese zwei Jahre dort haben mir sehr gutgetan, ich fühlte mich selbständiger, selbstsicherer und wurde sensibler. Auch was meinen Körper betraf.

In der Zeit wurden auch Männer für mich wichtiger. Es ging wohl Hand in Hand, daß ich mich als Frau sah und dann auch auf Männer zugehen konnte. Vorher waren Begegnungen mit Männern nicht wirklich Teil von mir. Es gehörte zwar dazu, aber ich habe eher darunter gelitten. Es war meine eigene, autonome Entwicklung, die da lief, es gab keine auslösenden Erfahrungen, auch nicht speziell

mit einem bestimmten Mann. Es gab zwar positive Erfahrungen in dem Sinne, daß ich mich bestätigt fühlte, auch als Frau, aber letztlich war ich doch autonom. Ich konnte auf eigenen Beinen stehen, und das tat mir gut.
Ich glaube heute, daß dieser Prozeß Hand in Hand ging mit dem veränderten, neuen Körpergefühl während der Periode. Es war dann irgendwie alles selbstverständlicher. Obwohl ich ohne Tabus groß geworden bin, auch in bezug auf das Frausein, habe ich doch so lange gebraucht, um mich als solche zu fühlen.
Auch Sex war kein Tabu, ich hätte jederzeit kommen und fragen können, meine Eltern waren da sehr offen. Ich habe auch keine dummen oder gar moralischen Sprüche gehört. Das einzige, was mein Vater mal sagte, war, daß ich mit dem Sex warten solle, bis ich 18 sei, weil ich dann reifer sei. Es war eher eine Art Rat, keine Richtlinie. Ich hätte es berücksichtigen können oder auch nicht. Also ich wäre nicht moralisch verurteilt worden. Es gab keine Einschränkungen oder das Gefühl: Das darf ich nicht.
Auch mit meinen Freundinnen und den Lehrerinnen in der Schule war alles sehr offen, locker und tabufrei. Uns wurde zum Beispiel bei Klassenfahrten gesagt: »Mädchen, denkt dran, daß ihr genügend Binden mitnehmt, da draußen gibt es keine Geschäfte.« Und trotzdem hatte ich mit dem Frauwerden zunächst Schwierigkeiten, auch mit Männern. Als ich meine Tage zum erstenmal bekam, hatten Männer noch überhaupt keine Bedeutung für mich. Insofern war damals auch die Verhütungsfrage kein Thema. Das kam erst später.
In bezug auf Männer bin ich wohl auch eine ziemliche Spätentwicklerin gewesen. Und als sie dann wichtig wurden, auch mit Sex, habe ich die Pille genommen. Aber das war mir sehr unangenehm. Deshalb habe ich begonnen, zu messen oder mechanisch zu verhüten. Ich habe mich mit der Pille nicht wohl gefühlt, ich empfand es irgendwie als belastend. Und es ist mit dem Temperaturmessen immer gutgegangen, deshalb mußte ich mich auch auf keine andere Verhütungsart einstellen. Es ist mir auch körperlich angenehm. Ich meine, letztlich ist es ja auch eine Sache des Partners und eine gemeinsame Entscheidung.
Kinder möchte ich eigentlich gerne. Aber auch das hat sich im Ver-

lauf der Jahre verändert. Vielleicht war ich auch hier eine Spätentwicklerin, denn erst seit zwei Jahren ist dieser Wunsch wirklich da. Obwohl ich schon so lange eine fruchtbare Frau bin, fühle ich mich eben noch nicht so lange richtig als Frau. Und erst jetzt kann ich mir konkret vorstellen, Mutter und Ehefrau sein zu können. Gewünscht habe ich es mir immer, es war, auch früher schon, immer etwas Selbstverständliches, aber jetzt erst glaube ich, diesen Aufgaben auch gewachsen zu sein. Ich wünsche es mir, ich will es, und ich weiß, ich kann es.
In dem Zusammenhang empfinde ich meine Menstruation auch nicht nur als etwas Körperliches. Es ist sozusagen auch Ausdruck der Möglichkeit, die ich habe, Mutter zu werden. Insofern ist es auch etwas Angenehmes und Schönes für mich.
Und manchmal habe ich Angst, daß es anders kommt als so, wie ich es mir wünsche. Ich habe weniger die Angst, daß es körperlich bei mir nicht geht, als vielmehr die, daß ich vielleicht die Situation nicht herstellen kann. Denn ich möchte eigentlich nur ein Kind, wenn ich auch mit dem entsprechenden Partner zusammen sein kann. Allein ein Kind zu versorgen, das kann ich mir heute nicht vorstellen. Vielleicht denke ich später anders darüber, aber im Moment würde ich es nicht wollen.
Torschlußpanik allerdings habe ich nicht. Bis auf wenige Tiefs, die ich bisweilen habe und die auch meist ausgelöst sind durch andere Dinge, bin ich doch irgendwie sicher mit mir. Natürlich möchte ich nicht gerne noch fünf Jahre warten, eine gewisse biologische Uhr habe ich schon noch im Kopf. Und wenn ich jetzt einen Partner kennenlernen würde, mit dem ich mir das vorstellen könnte, dann würde ich auch ungern noch lange warten wollen.

»Als ich zum zweitenmal schwanger wurde, fühlte ich mich unglaublich potent«

Ute, 29 Jahre, Steuerfachgehilfin

Ich weiß nicht mehr genau, wie und wann das war, als ich meine erste Periode bekam. Ich war wahrscheinlich etwa 14 oder 15 Jahre alt. Die anderen Mädchen aus meiner Klasse hatten sie alle schon. Mit dem Thema Frauwerden hatte das nichts zu tun, ich hatte viele andere Interessen. Ich war kein richtiges Mädchen, alle haben mich für einen Jungen gehalten, ich war klapperdürr und kein hübsches Mädchen. Das war sicher auch ein Problem für mich, aber nicht so, daß es mich ununterbrochen beschäftigt hätte. Ich war bei Jungen und Männern immer sehr beliebt. Es waren keine sexuellen Beziehungen, aber gute Freundschaften, und das reichte mir damals offenbar auch.

Bevor ich meine Periode hatte, fand ich mich nur ein bißchen zu dünn, ansonsten war ich ganz sicher, daß meine Periode kommen und daß ich mich zur Frau entwickeln würde.

In unserer Familie war Körperlichkeit und Nacktheit etwas ganz Normales. Es wurde zwar nicht viel darüber geredet, aber es wurde auch nichts verschwiegen. Als meine erste Periode dann kam, wußte ich auch, was das war. Woher ich das wußte, ist mir heute gar nicht mehr klar. Ich glaube, ich hatte es gelesen oder über Freundinnen mitbekommen. Jedenfalls fühlte ich mich aufgeklärt.

Mir war wichtig, daß ich in jedem Fall Tampons nehmen wollte und keine Binden. Binden fand ich lästig und eklig, das wollte ich nicht. Damit habe ich mich auch schon vor meiner ersten Menstruation befaßt. Darüber habe ich nachgedacht. Ich erlebe heute noch Binden als Beeinträchtigung, diese Dinger, die ich zwischen den Beinen habe, die wegrutschen können. Ich kann selbst Slipeinlagen nicht leiden.

Meine Mutter hat auch Tampons genommen. Sie standen bei uns im Bad immer herum, so daß ich die schon kannte. Meine Mutter wollte zwar gerne, daß ich am Anfang Binden nehme, dagegen konnte ich mich aber durchsetzen. Tampons waren und sind für mich Gebrauchsgegenstände, die mich davor schützen, daß mir mein Blut in

die Unterhose läuft, und sonst nichts. Ihre Benutzung ist eine reine Hygienemaßnahme.
Meine Sexualität hat sich dann langsam mit entwickelt. Ich habe begonnen, mich für Jungs zu interessieren. Geschlafen habe ich aber erst sehr spät mit meinem damaligen Lieblingsfreund. Wir hatten lange Zeit zwar intensive sexuelle Erlebnisse zusammen, aber richtig miteinander geschlafen haben wir erst viel später. Das haben wir dann aber auch richtig zelebriert, und im nachhinein finde ich das toll, daß wir das so gemacht haben.
Ich wünsche mir das für meine Tochter auch, daß sie es schafft, das so spannend zu gestalten. Denn das erste Mal ist doch etwas sehr Besonderes. Es bleibt zwar immer spannend, aber ein erstes Mal gibt es eben nur einmal. Es ist schade, wenn es einfach so zwischendurch passiert. Mir ist es wichtig, daß meine Kleine es auch so schön erlebt.
Am Anfang hatte ich überhaupt keine Probleme mit meiner Menstruation, aber dann später habe ich starke Schmerzen bekommen. Ich hatte Krämpfe am ersten Tag der Periode und konnte oft nicht arbeiten gehen. Ich wußte nicht mehr, wie ich mich bewegen sollte, mußte mich übergeben: Das war richtig schlimm. Diese Beschwerden haben bis zu meiner ersten Schwangerschaft angehalten, und dann waren sie weg. Kurz bevor ich zum zweitenmal schwanger geworden bin, hat es dann aber wieder angefangen. Ich glaube, das liegt an der Hormonumstellung. Ansonsten hatte ich überhaupt keine Probleme mit meinem Zyklus, der war von Anfang an total regelmäßig. Ich habe nie darauf gewartet, und als ich dann das erste Mal gewartet habe, war ich auch schwanger.
Mir hat, glaube ich, ein Stück Aufklärung an der Stelle gefehlt, wo es um Fruchtbarkeit geht. Alles war ja zunächst sehr bequem. Nachdem klar war, daß ich mit meinem Freund schlafen wollte, habe ich auch die Pille genommen. Ich habe mich nie mit etwas anderem beschäftigt. In meiner Teenagerzeit war für mich die Pille das Einfachste, Praktischste und Sicherste. Ich habe damals mit meiner Mutter darüber gesprochen, ging mit ihr zum Arzt und bekam von ihm die Pille. Die Zusammenhänge von Zyklus und Fruchtbarkeit waren mir nie klar. Alles andere habe ich gut mit meiner Mutter besprechen können.

Meinem Vater habe ich solche Sachen nicht gesagt, das ging ihn nichts an. Das sind Dinge, die Frauen gemeinsam klären sollten. Den Vater muß man damit nicht belasten, er muß nicht wissen, daß seine 17jährige Tochter mit ihrem Freund schläft, finde ich. Da war doch eine Grenze im lockeren Umgang miteinander. Auch heute noch würde ich mit meinem Vater diese Fragen nicht besprechen. Ich glaube, da schäme ich mich ein bißchen. Es kommt mir komisch vor, mit ihm darüber zu reden. Über Sex und über meine Männer habe ich mit meinem Vater nie geredet. Mein Vater ist ein Mann, und ich kann mir nicht vorstellen, mit ihm über mein intimes Leben zu sprechen. Da sträubt sich etwas in mir.

Ich habe sehr früh meinen jetzigen Mann kennengelernt. Vorher hatte ich aber schon ganz schön viele Erfahrungen gesammelt. Ich nahm sehr lange die Pille und hatte nach langen Jahren nun keine Lust mehr, sie zu nehmen. Wir benutzten dann Kondome. Das machen wir auch heute noch. Mein Zyklus war, egal ob mit oder ohne Pille, immer sehr regelmäßig.

Menstruation und Sexualität schließen sich für mich nicht aus. Mit meinem Freund habe ich immer schon während meiner Periode geschlafen, vielleicht nicht an den ersten beiden Tagen, aber danach schon. Im Grunde bin ich dann sogar erregbarer als sonst. Wenn alles voller Blut ist, ist das allerdings auch nicht so toll. Dann muß man alles wieder saubermachen. Wir machen es auch nicht gezielt in der Zeit der Menstruation, aber es geschieht, und es macht Spaß.

Meine erste Schwangerschaft entstand zufällig. Sofern man überhaupt davon sprechen kann, daß es Zufälle gibt. Irgendwann haben wir aufgehört, Kondome zu nehmen, haben es beide »vergessen«. Wir wollten es einfach mal wissen. Für mich war es ein Ausprobieren, ob es geht. Das war bei der zweiten Schwangerschaft nicht so.

Ich weiß noch ganz genau, wann wir das zweite Kind gezeugt haben. Mir war klar, daß es eigentlich klappen müßte. Es war sehr spannend zu sehen, ob es auch wirklich klappen würde. Als die Schwangerschaft festgestellt war, hielt ich mich für unsagbar fruchtbar. Ich fühlte mich sehr potent. Es ist aber auch ein bißchen beschämend für mich, denn ich konnte mich fast arrogant Frauen überlegen fühlen, die große Schwierigkeiten haben, schwanger zu werden.

In meinem Bekanntenkreis gibt es ein paar Frauen, bei denen ich glaube zu sehen, woher es kommt, daß es immer nicht klappt. Sie machen sich unheimlich viel Gedanken um ihr Schwangerwerden. So läuft es meiner Meinung nach überhaupt nicht. Ich sehe einen Zusammenhang zwischen dem Körpergefühl der Frau und ihrer Möglichkeit, schwanger zu werden. Ich kenne Frauen, die ihren Körper und ihre Menstruation fast ablehnen, und ich frage mich wirklich, wie man dann überhaupt schwanger werden kann.
Bei mir läuft es wirklich gut, und ich lehne meine Menstruation nicht ab. Das einzige Problem sind manchmal die Krämpfe, und die haben nichts mit meiner Psyche, sondern etwas mit meinem Bauch zu tun. Meine Tage gehören eben zu mir und zu meinem Frausein. Es gibt ja Theorien, daß Frauen, die Bauchschmerzen haben, wenn sie ihre Tage haben, mit ihrer Identität als Frau nicht zurechtkommen. Das sehe ich nicht so.
Beim zweiten Kind haben wir uns gedacht, wir müßten noch eines haben, weil das wirklich toll ist zu sehen, wie das Kind wird, wie es sich entwickelt. Drei Jahre fanden wir einen guten zeitlichen Abstand zwischen den Kindern. Es hat dann auf Anhieb geklappt. Ich habe es auch so geplant, weil ich um meine Probleme mit meinen Krampfadern wußte. Ich muß während der Schwangerschaft Stützstrümpfe tragen. Mir war klar, daß ich das nicht während des Sommers haben wollte. Ich wollte deshalb das Kind im April/Mai bekommen; außerdem finde ich Kinder, die im Frühling kommen, ganz toll.
In der Schwangerschaft und Stillzeit nicht zu bluten ist sehr praktisch. Ich finde das sehr angenehm und kann auf meine Blutung leicht verzichten. Wenn man regelmäßig stillt, ist es – glaube ich – auch so, daß man nicht schwanger wird. Aber ich muß sagen, daß ich nach der Schwangerschaft auch lange nicht mit meinem Mann geschlafen habe. Ich hatte einfach keine Lust, konnte mir nicht vorstellen, mit ihm zu schlafen. Es hat Wochen gedauert. Ich weiß nicht genau, was das Problem war, vielleicht war es ja auch hormonell bedingt. Möglicherweise war es auch der Streß mit dem Kind. Die Vorstellung, da wieder etwas reinzubekommen, wo gerade dieses Wesen rausgekommen ist, war nicht gut. Das ging nicht zusammen. Und wenn man stillt, ich weiß nicht, da paßt etwas nicht zusammen.

Mit meinen Wechseljahren habe ich mich noch nicht befaßt. Nur im Gespräch mit meiner Mutter. Von ihr weiß ich, daß sie sich manchmal wegen dieser Schweißausbrüche sehr daneben fühlt. Ich mache mir darüber noch keine Gedanken. Ich beschäftige mich in der Regel erst mit Problemen, wenn sie sich konkret stellen. Wenn ich in die Wechseljahre komme, dann ist es eben so.
Heute finde ich es toll, daß ich fruchtbar bin und Kinder kriegen kann. Wenn es dann so ist, daß ich meine Menstruation nicht mehr bekomme, dann bin ich trotzdem noch eine Frau, und meine Weiblichkeit bleibt mir doch erhalten.

»Ich möchte endlich einmal wissen, wie mein Körper ohne Pille reagiert«

Sabine, 27 Jahre, Dekorateurin

Ich war ungefähr so 13, 14, als ich meine Tage bekommen habe, und es war eigentlich kein besonderes Erlebnis, weil ich wußte, daß es kommen würde. Ich wußte es von meiner Mutter und von meinen Freundinnen. Die meisten hatten es vor mir, und da fing ich richtig an zu warten. Ich dachte: Jetzt muß es doch bald mal kommen. Sorgen habe ich mir keine gemacht, aber ich wollte es eben auch haben, es gehörte dazu.
Ich bin schon als Kind darauf vorbereitet worden, aber nicht extra im Sinne von Aufklärung, sondern es lief so mit. Meine Eltern und ich waren manchmal am Nacktbadestrand, und wenn meine Mutter eine Hose anhatte, habe ich immer wieder gefragt, warum sie nicht nackt sei, und da sagte sie, daß sie ihre Tage habe. Deshalb wußte ich sehr früh, daß das normal ist für eine Frau und daß das regelmäßig einmal im Monat kommt.
Aber andererseits, als es dann kam, fand ich es eklig. Nicht das Blut selbst, sondern die Umstände. Ewig diese Binden und das Gefühl, daß da so was Matschiges zwischen den Beinen ist. Das war unangenehm, auch weil ich nicht schwimmen gehen konnte. Damals traute ich mich noch nicht, Tampons zu nehmen. Ich empfand die Binden

irgendwie auch als zu dick und sehr störend und hatte das Gefühl zu riechen. Ich wußte zwar, andere riechen das nicht, aber ich hatte das Gefühl, daß es roch. Und gestört hat mich auch, daß das nun alle vier Wochen kam. Ich wußte es, aber ich konnte es mir vorher eben nicht so genau vorstellen.

Am Anfang war die Periode sehr unregelmäßig, so ungefähr alle fünf bis sechs Wochen, aber es hat sich ziemlich schnell dann auf überschaubare Zeiten eingependelt. Körperliches Unwohlsein hatte ich nicht. Ich hab eigentlich nichts gemerkt. Aber die Blutung war sehr stark und ziemlich lange, so sechs bis sieben Tage, und manchmal hatte ich das Gefühl, wegzuschwimmen. Jetzt ist das anders, seit ich die Pille nehme. Da ist die Blutung nur minimal und dauert nur zwei bis drei Tage, und ich komme meistens sogar mit Slip-Einlagen aus.

So gesehen war das mit der Pille wirklich angenehm, und dann fing ich ja auch an, Tampons zu nehmen. Obwohl das für ein Mädchen erst mal schwierig ist. Es ist gar nicht so leicht, damit klarzukommen, so daß es richtig sitzt. Ich hatte es zwar bei meiner Mutter gesehen, die hat Tampons mit Einführhülsen genommen, aber das war mir suspekt. Ich habe sie mir damals auch nicht genau angeguckt. Sie wirkten einfach nur so lang, und da dachte ich, daß auch der Tampon so lang sei. Ich konnte mir nicht vorstellen, daß das passen würde. Dann habe ich es mit kleinen Tampons probiert, aber sie saßen nicht und haben gedrückt. Eine Freundin benutzte die, und sie hatte keine Probleme damit. Bei mir aber saß das nicht. Irgendwann jedoch habe ich mir die Dinger genau angeguckt und gedacht, das muß doch gehen. Und dann ging's, und seitdem komme ich gut klar damit.

Seit dem Zeitpunkt hat es mich nicht mehr belastet in dem Sinne, daß ich nicht mehr schwimmen konnte oder keinen Sport machen durfte oder auf die Kleidung achten mußte, damit man die Binde nicht sah. Im übrigen wurde es bei uns in der Schule von den Lehrern akzeptiert, wenn man nicht mitturnte. Aber ich fand's blöd, deshalb nicht mitzuturnen, obwohl es wirklich unangenehm war, mit Binden in der Hose auf den Barren zu steigen.

Nur einmal habe ich mich verweigert. Wir wollten eine Klassenfahrt mit Radtour machen, und ich hatte meine Tage. Da habe ich dem

Lehrer gesagt: »Geht nicht, tut mir leid, ich kann nicht mit, weil ich meine Tage habe. Die sind so stark, daß ich jede Stunde meine Binden wechseln muß.« Das hat er bedingungslos akzeptiert.
Und auch mit der Aufklärung lief das gut bei uns. Wir hatten eine ganz tolle Lehrerin. Die kam eines Tages mit einem Besenstiel und Kondomen in die Klasse. Wir mußten alle diese Dinger auf den Stock friemeln. Das war 'ne Stimmung! Die Jungs mit 'ner großen Fresse wurden plötzlich ganz klein. Diese Lehrerin hat vor allem uns Mädchen den Rücken gestärkt. Sie hat beim Thema »Menstruation« gesagt: Darauf könnt ihr stolz sein, denn ihr könnt Kinder kriegen, die Männer nicht. Obwohl ich damals den Zusammenhang, daß ich nun als Frau fruchtbar war, für mich noch nicht sehen konnte. Aber es war zumindest ein Einschnitt: Ich war eben kein Kind mehr.
Angst, ein Kind zu kriegen, hatte ich nie, weil ich mich von Anfang an mit der Pille geschützt habe. Ich habe sie genommen, als ich mit meinem ersten Freund zusammen war und klar war, daß wir miteinander schlafen würden. Es war eine langjährige Beziehung, und wir haben uns in dem Sinne auch verständigt, daß wir wußten, jetzt steht das an. Und damit war natürlich auch die Frage verbunden, wie wird verhütet. Das hat meine Mutter mir auch schon früh klargemacht, daß ich mich schützen muß, und sie hatte mir auch angeboten, wenn es soweit sei, mit mir zum Frauenarzt zu gehen.
Das war so witzig. Sie hatte mir das schon gesagt, als ich 13, 14 war. Und als es dann soweit war, ich war ja schon 18, da ist sie explodiert: »Was, jetzt schon und mit dem?« Aber ich habe ihr dann entgegengehalten, daß es doch auch ihre Idee war. Na ja, da lachte sie dann und meinte: »Ja, du hast ja recht.«
Ich habe mich nie zum Sex drängen lassen, für mich war immer klar, ich mache es nur, wenn ich es will. Auch später, bei einem anderen Mann. Ich hatte kurz mit der Pille ausgesetzt, weil es mit meinem ersten Freund aus war. Da hat der neue Mann warten müssen, bis ich die Pille wieder nehmen konnte und die Verhütung damit sicher war. Das war auch eine gewisse Sicherheit herauszufinden, der steht zu mir, dem geht es nicht nur darum, mit mir ins Bett zu gehen.
In der kurzen Zeit, in der ich die Pille nicht nahm, hatte ich auch Beschwerden, die ich sonst nicht kannte. Brustschmerzen vor der Regel und Ziehen im Unterleib. Seit ich die Pille neu nehme, habe

ich während der Periode einen aufgedunsenen Bauch, wie wenn ich Blähungen habe, und ich bin schlecht gelaunt. Ich glaube, daß dieser Spruch »Sie hat ihre Tage« bei mir voll zutreffend ist. Trotz Pille.
Ich erschrecke mich manchmal vor mir selber, weil ich so zickig bin, so übersensibel. Auf Kleinigkeiten reagiere ich, wie ich sonst nicht reagieren würde. Auch körperlich bin ich dann unnahbar, ich habe das Bedürfnis, mich zurückzuziehen. Ich mag meinen Körper in der Zeit nicht besonders, ich finde mich dann nicht attraktiv. Wenn die Periode wieder abklingt, ist es vorbei.
Kinder möchte ich eigentlich schon seit längerem, aber für mich ist auch klar, ich will erst mal beruflich meinen Platz finden. Und jetzt ist es soweit, daß ich die Pille absetzen will, weil ich auch mal sehen möchte, wie mein Körper eigentlich reagiert ohne diese künstliche Beeinflussung der Periode. Wir wollen im Moment nicht unbedingt ein Kind, weil mein Freund beruflich nicht abgesichert ist. Aber wenn doch eins kommt, ist es auch in Ordnung. Es ist klar, daß ein Kind kommen darf. Das ist auch beruhigend zu wissen: Wenn es kommt, dann ist es eben so.
Früher wollte ich nie Kinder, das habe ich für mich absolut ausgeschlossen. Erst seit ich meinen Freund kenne, kann ich mir das vorstellen. Das war schon am ersten Tag, als ich ihn kennenlernte, so. Natürlich weiß ich nicht, ob es klappt und ob ich Kinder kriegen kann. Wir haben Freunde, die versuchen das schon lange, und es klappt nicht. Aber vielleicht ist es auch so, daß es nicht geht, wenn man sich verkrampft. Also ich lege es nicht darauf an, mit Temperaturmessen und alldem. Ich geh da locker ran und guck einfach mal, was passiert.
Seit wir richtig solide leben, nicht mehr soviel feiern, viel zu Hause sind, können wir dem Kind auch ein Nest bieten. Wir genießen das Leben zu Hause und müssen nicht mehr dauernd los. Seitdem haben wir auch nicht mehr das Gefühl, was zu versäumen, wenn wir nicht auf die Piste gehen. Und ich glaube, erst mit dieser Haltung kann man ein Kind in die Welt setzen. Wenn man verzichten kann für das Kind. Nicht weil man es muß, sondern weil man es will.
Ich bin mal gespannt, was passiert, wenn ich die Pille nicht mehr nehme. Vielleicht bin ich ja gar nicht fruchtbar, aber dann weiß ich wenigstens, daß ich sie nicht nehmen muß. Es interessiert mich

auch, wie mein Zyklus verläuft, das weiß ich eigentlich schon lange nicht mehr, denn er war ja künstlich. Vielleicht habe ich mich deshalb auch nie so richtig als potente Frau gefühlt, weil das eine künstliche Sache ist.

»Es zieht am ersten Tag, aber sonst merke ich nichts«

Christine, 27 Jahre, Lehrerin

Ich habe gestern abend meine Tage gekriegt, und das deutet sich bei mir immer durch leichtes Ziehen im Bauch an. Aber die Blutung ist erst am nächsten Tag richtig kräftig da. Und dann ist auch das Ziehen im Bauch stärker. Meistens nehme ich dann eine Schmerztablette, und danach geht es mir wieder richtig gut. Es kommt allerdings darauf an, wie stark der Schmerz ist. Wenn er nur vorne im Bauch sitzt, nehme ich eher keine Medikamente. Aber wenn es ganz stark in den Rücken zieht, nehme ich Tabletten, wenn ich welche im Hause habe.

Sexualität in der Zeit finde ich nicht gut, vor allem eben nicht am ersten und am zweiten Tag. Am dritten und vierten schon eher. Insgesamt dauert die Periode drei bis vier Tage; es tröpfelt dann so langsam aus. Ich bin auch ein bißchen stimmungsschwankend in der Zeit, vor allem am ersten Tag. Also sensibler, frustrierter, trauriger. Aber man weiß ja nie, ob das damit zusammenhängt. Ich habe z. B. gestern nicht das geschafft, was ich schaffen wollte. Vielleicht war das auch der Grund für meine Stimmungsschwankungen.

Im Moment nehme ich die Pille zur Verhütung, da ist natürlich mein Zyklus regelmäßig. Das finde ich ausgesprochen angenehm. Wenn ich sie nicht nehme, ist er eher unregelmäßig, das gefällt mir nicht so gut. Manchmal kam er nur alle fünf bis sechs Wochen, das ist schon blöd.

Andere Verhütungsmittel kamen für mich eigentlich nie in Frage, ich will etwas Sicheres. Es ist aber auch noch etwas anderes: Kondome finde ich einfach nicht schön, weder für meinen Partner noch

für mich. Und andere Sachen, etwa wenn man sich vorher etwas reinsprühen muß, mag ich einfach nicht. Das ist mir zuviel Heckmeck. So gesehen finde ich die Pille einfach angenehm, auch wenn es nicht das Allergesündeste ist. Aber da ich auch rauche, merkt man, daß ich nicht nur auf keine Gesundheit achte, sondern auch auf den Genuß, der mit bestimmten Dingen zusammenhängt.
Kinder will ich auf jeden Fall. Das ist für mich ganz klar. Aber im Moment noch nicht. Darüber habe ich nie sehr bewußt nachgedacht, es war einfach immer nur klar. Vielleicht, weil ich in einer großen Familie aufgewachsen bin. Nicht nur meine eigene Familie ist groß, sondern auch die Familie drum herum mit tausend Cousinen und Cousins und Tanten und Onkels. Das prägt, glaube ich, sehr.
Gestört hat mich meine Blutung nie, eher im Gegenteil. Ich habe sie sehr spät bekommen, und da hatte ich richtig Angst, daß irgend etwas nicht in Ordnung sein könnte. Ich bin eine totale Spätentwicklerin, und als ich die Periode mit 15 bekam, war ich froh, daß sie da war. Ich fühlte mich aber auch nicht besonders viel weiblicher hinterher. Es hat mich eigentlich nie stark bewegt, ich wollte es einfach nur haben, weil es normal schien und es andere auch hatten. Man möchte doch auch ähnlich wie die anderen sein.
Es gehört für mich einfach dazu, es gehört, ganz instinktiv, zu meinem weiblichen Körper, obwohl ich eigentlich nicht sehr körperbewußt bin. Ich denke zwar oft über meine Seelenbefindlichkeit nach, aber ich fühle mich nicht so sehr in meinem Körper. Ich bin eher ein Kopfmensch.
Aufgeklärt wurde ich gar nicht. Es gab zwar in der Schule Sexualkundeunterricht, in dem man erfuhr, wie ein Kind entsteht, aber wie der weibliche Zyklus funktioniert, habe ich nicht erfahren. Ich war allerdings in diesen Fragen kein sehr neugieriges Kind.
Meine Eltern sind eher prüde, von da kam nichts. Ich weiß nur, daß meine Mutter irgendwann mal sagte, daß ich doch schon so früh über schmutzige Witze gelacht hätte und daß sie deshalb geglaubt habe, daß eine Aufklärung nicht nötig sei. Das würde ich mit meinen Kindern anders machen. Ich würde auf ihre Fragen eingehen und dem Alter entsprechend antworten. So, wie es das Kind versteht. Eine 13jährige Tochter will sicher anders aufgeklärt sein als ein sie-

benjähriger Sohn. Ich würde auf jeden Fall versuchen, freier damit umzugehen, als meine Eltern das getan haben.
Ich habe nämlich lange geglaubt, daß Kinder nur in der Ehe zustande kommen. Also: Wenn man heiratet, kriegt man auch automatisch Kinder. Ich erinnere mich noch, ich war sieben und bei meiner Mutter im Schlafzimmer. Ich habe sie danach gefragt, aber sie hat mir nur ausweichend geantwortet.
Es wurde über diese ganzen Fragen weitgehend geschwiegen, so daß ich auch keine negativen Sprüche in bezug auf die Periode mitbekam. Negativ waren nur die Äußerungen hinsichtlich Sex. So nach dem Motto: Sex vor der Ehe ist etwas Ekelhaftes. Als ich z. B. schon Anfang 20 war, haben sie mir wahnsinnige Szenen gemacht. Also in einem Alter, in dem es völlig normal ist, mit einem Mann zu schlafen. Ich dachte lange auch, daß es etwas Unanständiges sei. Ich kann eigentlich nur froh und dankbar darüber sein, daß ich inzwischen ein normales Verhältnis dazu entwickelt habe, das ich aber lange nicht hatte.
Was in meinem Körper während des Zyklus genau passiert, weiß ich im Grunde bis heute nicht. Ich weiß es nur ungefähr: daß ein Ei nicht befruchtet wird und daß es dann sozusagen abgesondert wird auf dem Wege der Blutung. Viel mehr weiß ich nicht. Ich finde es eigentlich wichtig, es zu wissen, und ich finde es schlimm, daß ich es nicht weiß. Aber der Druck im Moment ist nicht so groß, daß ich mir ein Biologiebuch kaufe und es nachlese. Das tue ich sicher, wenn ich schwanger bin und alles genau wissen will.

3. Kapitel
Vor dem Ende der Fruchtbarkeit – Ein bewußtes Verhältnis zum Zyklus

Alle Frauen zwischen 35 und 45 blicken auf langjährige Erfahrungen mit ihrer Menstruation zurück. Wenn sie über ihre Periode sprechen, erinnern sie sich nicht nur an ihre Blutungen, sondern auch an viele andere Geschichten aus ihrem Leben, die damit im Zusammenhang stehen. Sie erzählen von gewollten und ungewollten Schwangerschaften, von ihren sexuellen Erfahrungen, von Problemen mit Gynäkologen und ihrer Haltung zum Monatsblut. Bei den Frauen dieser Generation haben wir sehr deutlich herausgehört, wie sich das Verhältnis zu ihrer Menstruation in den letzten beiden Jahrzehnten individuell und gesellschaftlich gewandelt hat.

Auffällig war, daß die Erinnerungen an die erste Menstruation und die damit verknüpften Gefühle und Erfahrungen in allen Gesprächen einen besonders breiten Raum eingenommen haben. Die meisten Frauen wußten noch ganz genau, wie ihre erste Menstruation war. Ihnen fiel ein, wem sie sich anvertrauten, wie sie sich fühlten, mit wem sie darüber sprachen, wer ihnen half und an wem sie sich orientieren konnten. Es waren ihre Schwestern, Mütter und manchmal die Großmütter in der Familie, die damals die Versorgung der Mädchen mit Hygieneartikeln übernahmen. Je nach Familiensituation erlebten sie als Mädchen dann einen individuell sehr unterschiedlichen Umgang mit der Menstruation. Viele von ihnen waren bis dahin noch nicht aufgeklärt, und manche wurden es auch später nicht.

Der Umgang der Familien mit der Entwicklung der Tochter war extrem verschieden: Während die einen in eine liebevolle Familiensituation mit Mutter und Schwester eingebettet waren und ihnen eine intensive Aufklärung zuteil wurde, wurde in anderen Familien mit Drohungen und oft nicht verständlichen Verboten auf die körperliche Entwicklung der Tochter reagiert. Für viele Eltern rückte mit der ersten Menstruation der Tochter die Gefahr ungewollter Schwangerschaft in den Mittelpunkt. In ihrer Angst und häufig,

ohne selbst ausreichend aufgeklärt zu sein, reagierten viele mit strengen Verhaltensmaßregeln, statt ihren Töchtern mit einer guten Aufklärung über die genauen Zusammenhänge von Menstruation, Sexualität und Schwangerschaft zu helfen. Manche Mädchen waren verstört und verunsichert, fragten sich, ob nicht doch durch intensive Küsse vielleicht Kinder entstehen könnten.
Für diejenigen, die schon damals in ihren Müttern oder Schwestern Gesprächspartnerinnen für ihre Fragen zur Menstruation und Sexualität sahen, entwickelten sich im weiteren Verlauf ihres Lebens weniger Unsicherheiten und Probleme damit. Insgesamt herrschten allerdings sehr viel strengere moralische Vorstellungen über den Umgang mit dem eigenen Körper, dem Monatsblut und der Sexualität. Die Menstruation und alles, was damit zusammenhing, wurden damals nur im Kreis der Familien behandelt. Und anders als heute schienen Mädchenfreundschaften für den Austausch von Fragen zur Menstruation eine sehr viel geringere Bedeutung gehabt zu haben. Die Frauen berichten lediglich darüber, daß sie sich mit der Frage beschäftigten, ob ihre Freundinnen ihre Menstruation früher oder später bekamen als sie selbst.
Es wurde deutlich, daß Frauen dieser Generation zunächst ein weniger selbstbewußtes Verhältnis zu ihrer körperlichen Entwicklung und ihrer Menstruation hatten als jüngere Frauen heute. Viele brauchten sehr lange, um zu einem sicheren Umgang mit der Menstruation zu finden. Sexualität während der Menstruation war für die meisten dieser Generation am Anfang noch nicht denkbar. Manche haben im Laufe der Zeit zu einem anderen Verhältnis zu dieser Frage gefunden. Viele Frauen kritisieren heute das Verhalten der Eltern, erklären sich ihre Schwierigkeiten in bezug auf Menstruation und Sexualität mit der mangelhaften Aufklärung in der Familie.
Viele mußten sich die notwendigen Informationen selbst beschaffen, nicht selten immer wieder in der Angst vor ungewollter Schwangerschaft. So kommt es, daß das Erleben der eigenen Menstruation für manche Frauen zunächst problematisch war und sie eine lange Entwicklung durchmachten, bevor ihre Blutung zu einem stabilen und einschätzbaren Teil ihres Alltages wurde. Vielen ist es gelungen, zu einem souveränen Umgang mit Beschwerden, Fragen der Hygiene und der eigenen Sexualität zu finden. Manche betrachten ihre Men-

struation inzwischen als ihren Rhythmus, den sie lustvoll erleben, und sie fühlen sich darin auch besonders kreativ und sicher. Schwierigkeiten bereitet manchmal noch die Integration von Arbeitsalltag und Menstruation. Hier beklagen manche, daß es für den Umgang mit der Menstruation im Arbeitsalltag noch keine angemessenen Verhaltensformen gibt. Noch kommt Menstruation dort nicht so vor, wie Frauen es sich wünschen.

Viele Frauen freuen sich in diesen Jahren an ihrem Zyklus, sie genießen das Gefühl, noch fruchtbar und potent zu sein. Einige beschäftigen sich erst jetzt oder erneut mit der Frage, ob sie ein Kind bekommen möchten oder nicht. Andere Frauen beginnen sich schon jetzt mit Fragen der kommenden Wechseljahre zu befassen. Die einen tun es mit der Furcht vor dem Alter, vor Beschwerden, Hitzewallungen und Depressionen, die anderen mit einem freudevollen Blick auf eine Zeit der Freiheit, in der Sexualität ohne Verhütung und Angst vor Schwangerschaft möglich sein wird.

Uns wurde deutlich, daß die Frauen dieser Generation, von denen die meisten in der Schule noch nicht aufgeklärt wurden, eine enorme Entwicklung im Verhalten und in ihrem Verhältnis zur Monatsblutung erlebt haben. Es war die Zeit der Einführung der Antibabypille. Tampons lösten Monatsbinden ab, Stoffbinden wurden nur noch von wenigen Frauen benutzt. Über körperliche Entwicklungen, Sexualität und Menstruation wurde offener gesprochen, institutionalisierte Aufklärung in der Schule wurde in den Lehrplan integriert. Vorstellungen von der Unreinheit der Frau während der Menstruation wurden langsam revidiert.

Daß es trotz vieler Vorurteile, mangelhafter Aufklärung und falscher Vorstellungen über den eigenen Körper möglich ist, zu einem freien, ungebrochenen Umgang mit der Menstruation zu gelangen, zeigen die folgenden Berichte.

»Bei meiner Mutter hieß das alles immer nur ›untenrum‹«

Nora, 38 Jahre, Sozialarbeiterin

Als ich meine erste Menstruation bekam, wußte ich schon von meinen älteren Schwestern und von meiner Mutter, um was es ging. Ich suchte als junges Mädchen immer nach dem, was normal ist. Fragte mich, wenn ich z. B. keine Beschwerden hatte, ob das denn auch normal sei. Ist meine Art zu menstruieren auch die richtige?

Ich konnte mir nie vorstellen, daß in meinem Körper ein Kind wuchs. Wenn ich ungewollt schwanger war, dann war das immer ein körperliches Phänomen, so eine Art Produktivität. Aber es war kein Kind, was in mir wuchs. Einmal, während ich ungewollt schwanger war, habe ich Vitamintabletten genommen. Ich habe das für mich getan, es ging mir nicht um den Embryo. Ich habe nie an das niedliche Baby in mir gedacht.

In den Zeiten, in denen ich eine Spirale hatte oder die Pille nahm, hatte ich das Gefühl, meine Menstruation werde irgendwie gemacht. Sie habe nicht sehr viel mit mir zu tun, es sei etwas in mir, das das steuert. Dafür kann ich Sexualität anders, freier erleben, ohne Ängste vor Schwangerschaft. Ohne diese beiden Verhütungsmittel ist die Frage der Verhütung schwieriger zu lösen. Es gibt eben fruchtbare und unfruchtbare Tage. Wobei ich Sexualität während meiner Periode auch ganz ungeschützt erleben kann.

Mich interessiert zur Zeit sehr, wie Frauen an ihren Arbeitsplätzen mit ihrer Blutung umgehen können. Ich arbeite in einem Frauenprojekt, und mir ist aufgefallen, daß wir uns dort nicht aktiv mit der Frage der Menstruation befassen. Die Periode ist bei uns zwar manchmal Thema, aber sie wird im Eiltempo abgehandelt. Wenn eine Frau aus dem Team über Menstruationsbeschwerden klagt, geht es mir auch meist nicht gut damit. Ich habe dann das Gefühl, sie bekommt mehr Aufmerksamkeit, und ich möchte das am Arbeitsplatz nicht haben. In unserer Berufssparte, der Sozialarbeit, gibt es so eine Haltung wie: Entweder man ist zu Hause und leidet, oder man ist bei der Arbeit, und dort ist man tüchtig und ansprechbar. Für mich sind Zwischenbereiche, in denen Frauen sich Tee kochen,

Leiden ein bißchen zelebrieren und die Wärmflasche auf dem Bauch haben, sehr schwierig. Ich betrachte diese Frauen dann mit leichten Aggressionen, mir stinkt das irgendwie. Einerseits denke ich: Ja, sie hat ja recht. Andererseits will ich das an meinem Arbeitsplatz nicht haben, dort wird schließlich die ganze Frau verlangt. Eigentlich bin ich dann sauer.

Ich nehme, glaube ich, zu schnell Signale von Kolleginnen auf, springe ein, wenn eine nicht so recht auf dem Damm ist. Diese Bereitschaft ist noch größer als mögliche Schuldgefühle, die vielleicht drohen könnten. Ich fühle mich schnell für eine menstruierende Kollegin mitverantwortlich, sorge dafür, daß sie nicht so belastet wird. Das macht mich dann aber aggressiv, denn ich will ja im Grunde diese Verantwortung gar nicht. Ich kann auch schlecht sagen, wenn eine Menstruierende neben mir sitzt und leidet: »So, ich gehe jetzt nach Hause. Du hast Dienst. Tschüs.«

Mir kommen dann hilfesuchende Signale entgegen, für die ich auch besonders empfänglich bin. Ich wünsche mir aber, daß eine Frau selbst für sich sorgen kann, daß sie ihr Leiden nicht zur Arbeit mitbringt. Sicherlich bin ich an dieser Stelle sehr streng und habe auch besonders hohe Ansprüche.

Ich frage dann fairerweise noch einmal nach, ob es auch o. k. ist. Ich frage es, aber es wäre mir viel lieber, sie würde sagen, ich habe zwar Bauchschmerzen, aber ich habe es im Griff. Das wäre mir viel lieber. Dann könnte ich sagen, es geht ihr nicht gut, manche Arbeit bleibt dann vielleicht liegen, aber die Frau regelt das alles für sich. Sie ist trotz ihrer Menstruationsbeschwerden noch in der Lage, Entscheidungen zu treffen.

Jetzt bin ich richtig erschrocken über die Aggressivität, die das natürlich auch bedeutet, so einen strengen Blick auf diese Situation zu haben. Andererseits ist natürlich auch dieses Leiden, das Frauen ausstrahlen, wenn sie ihre Menstruationsbeschwerden derart kultivieren, etwas Aggressives. Am wichtigsten ist es mir, daß die Frauen klar sein können.

Natürlich muß man sich hier auch überlegen, wie Arbeit in unserer Gesellschaft organisiert ist, wieviel Platz in der Arbeit für ein geringeres Engagement bleibt.

Ich kann heute aufgrund meiner langjährigen Erfahrung mit meiner

Menstruation sagen, daß ich weiß, wie sie mich beeinträchtigt. Das gefällt mir gut und heißt, daß ich einschätzen kann, daß es am ersten Tag am schlimmsten ist. Ich kann dann leicht einer Kollegin mitteilen, daß das so ist, und sie vielleicht fragen, ob ich sie anrufen könnte, wenn es mir sehr schlechtginge. So eine Art, es sichtbar und kalkulierbar auch für die anderen zu machen, das wäre eine gute Form des Umgangs damit. Das fänd ich von anderen Kolleginnen mir gegenüber auch sehr gut. Das wäre etwas Konstruktives in der Bewältigung dieses Problems.

Wenn ich nicht arbeiten muß, dann kommt es vor, daß ich mich mit einer Wärmflasche ins Bett lege und Frauentee trinke. Solche Tage gibt es. Wenn ich Dienst habe, dann überlege ich, was möglich ist. Kann ich bestimmte Arbeiten verschieben, wie kann ich meinen Nachtdienst möglichst früh beenden, d. h., wie kann ich meine Arbeitssituation meinen Bedürfnissen entsprechend organisieren. Den Kindern im Heim, mit denen ich arbeite, sage ich dann auch, daß ich gerne früh Ruhe haben möchte, weil ich mich ausruhen muß. Sie verstehen das auch gut. Ich versuche mir dann individuell meine Situation gut zu gestalten.

Manchmal denke ich daran, wie es wohl sein wird, wenn die Periode einmal nicht mehr kommt. Es ist nicht so, daß ich totale Angst davor habe, mich vor entsetzlichen Hitzewallungen fürchte. Einerseits ist es spannend, weil man dann ja ohne Angst vor Schwangerschaft vögeln kann. Andererseits habe ich Vertrauen, daß es mir mit den Wechseljahren so geht wie damals, als ich meine Periode bekam. Vielleicht bekomme ich das auch so hin wie damals. Aber man weiß es natürlich nicht so genau, und es gibt ja auch Veränderungen, die man nicht ahnt. Früher hatte ich z. B. nie Schmerzen in der Brust, wenn ich meine Tage bekam, das habe ich mit den Jahren bekommen.

Meine Mutter hat eine kuriose Sache mit ihren Wechseljahren erlebt. Sie hatte eigentlich gar keine Wechseljahre. Im Gespräch mit ihr wurde klar, daß sie einmal eine Spritze bekommen hatte. Die Erinnerungen daran sind sehr verschüttet, ich mußte ganz hartnäkkig nachfragen, um etwas über diese kuriose Behandlung zu erfahren. Sie erzählte mir auch von einer Bestrahlung, die ihr ihr Arzt verschrieben hatte. Das ist etwa 25 Jahre her, meine Mutter ist heute

70 Jahre alt. Die Behandlung war sehr mysteriös, mich erinnert diese Bestrahlung fast an eine Krebsbehandlung. Ich phantasiere mir dazu, daß die Bestrahlung vielleicht auf die Eierstöcke und die Gebärmutter gewirkt haben könnte und sie deshalb keine Menstruation mehr bekam. Sie weiß nur, daß sie danach die Wechseljahre ohne Beschwerden überstanden hatte. Ihre Periode ist mit einem Schlag weggeblieben. Ihr Hausarzt wollte ihr wohl weitere Symptome ersparen. Meine Mutter hat aber auch immer ein eigenartiges Verhältnis zu ihrem Körper gehabt. Sie hat sich dem Arzt völlig anvertraut, hat nichts gefragt. Das hieß alles immer nur »untenrum«. Ich finde es erschreckend, daß das ihre Wechseljahre waren: »Untenrum hat ein Arzt etwas gemacht.«
Ich habe für mich keine vertraute Person, mit der ich darüber spreche, ich weiß deshalb nicht genau, was ich tun werde, wenn es soweit ist. Ich glaube, ich werde in dieser Zeit schauen, was mir guttut. Manchmal erschreckt es mich, daß ich meinen Körper dann möglicherweise nicht unter Kontrolle haben werde, daß Veränderungen geschehen, die ich nicht beeinflussen kann. Es macht mir aber keine Angst.

»Das war das größte Ereignis, daß ich nun wirklich nicht mehr am Sportunterricht teilnehmen mußte«

Barbara, 46 Jahre, Journalistin

Ich habe meine Tage ziemlich spät bekommen, da war ich schon 15. Ich weiß noch, ich war immer ganz neidisch auf die anderen Mädchen in meiner Klasse, die ihre Tage schon früher hatten. Ich hab gedacht, Scheiße, die müssen nicht am Sportunterricht teilnehmen, und ich muß es dauernd. Da habe ich überlegt, wie machst du das am besten, daß du da auch nicht teilnehmen mußt. Und da habe ich mir einfach ausgedacht, daß ich meine Tage habe, obwohl ich nicht wußte, was es bedeutet. Wenn eine Freundin ihre Regel hatte, habe ich einfach gesagt, ja, ich habe sie auch.
Als ich sie dann wirklich kriegte, war ich völlig erschrocken. Meine

Mutter hatte mir zwar gesagt: Kind, irgendwann kriegst du deine Tage, und dann mußt du mir Bescheid sagen, aber ich konnte es mir auch nicht so richtig vorstellen. Es lagen keine Binden rum, und ich konnte auch nicht glauben, daß sie noch ihre Tage hatte. Für mich war meine Mutter eine alte Frau.
Als ich dann das erste Mal blutete, war meine Mutter nicht da, nur meine Oma war im Haus. Und da habe ich gesagt: Was mach ich denn jetzt, Mama kommt doch erst morgen. Und meine Oma antwortete nur ganz trocken: Macht nichts, dann nimmst du eben Lappen so wie wir früher. Und da hat sie mir alte graue Putzlappen auseinandergerissen, und die sollte ich mir dann in die Hose stopfen. Am nächsten Tag kam meine Mutter und hat mir Binden hingestellt und gesagt: So, Kind, die mußt du jetzt nehmen, wenn du deine Tage hast. Und sie hat noch gesagt, daß ich nicht baden solle, das sei schädlich. Waschen ja, aber nicht baden.
Doch das fand ich nicht so schlimm, wichtiger war das mit dem Sportunterricht. Das war für mich das größte Ereignis, daß ich nun wirklich nicht mehr am Sportunterricht teilnehmen mußte. Damit konnte ich mich endlich in die Reihe der schon erwachsenen Mädchen einreihen. Ich war stolz und auch erleichtert, weil ich dachte, na gut, jetzt wirst du auch langsam erwachsen, jetzt gehörst du dazu. Aber darüber gesprochen haben wir komischerweise nicht miteinander.
D. h. später doch: über die Frage, wie das wohl mit dem Kinderkriegen ist. Denn aufgeklärt waren wir ja alle nicht. Meine Mutter hatte mir nur irgendwann ein kleines Buch in die Hand gedrückt mit dem Titel »Wie man eine Frau wird«. Das habe ich mich aber nicht getraut, vor der Familie zu lesen, also hab ich's heimlich auf dem Klo gelesen und die Tür abgeschlossen. Aber was drin stand, weiß ich nicht mehr.
Bei uns war ja alles Körperliche tabu. Auch Sexualität. Über so was wurde nicht geredet. Und ich konnte mir nie vorstellen, daß meine Eltern miteinander schliefen. Das kann ich mir bis heute nicht vorstellen.
Na ja, und mit dem Kinderkriegen, da habe ich lange geglaubt, daß man die vom Küssen kriegt. Und erst als ich dann einen Freund hatte, da hat's mir irgendwie gedämmert, wie das eigentlich funktio-

niert. Es war so ein dunkles, diffuses Wissen. Ich weiß es nicht mehr genau. Ich weiß nur noch, daß ich mich immer geschämt habe, wenn ich meine Tage hatte, und dachte, hoffentlich merkt der das nicht. Damals habe ich auch noch keine Tampons benutzt, das war erst später. Ich glaube, ich habe das Blut zu der Zeit als Makel empfunden.

Als es dann soweit war, miteinander zu schlafen, da hat mich mein Freund aufgeklärt, der war einige Jahre älter als ich. Der wußte, wie das geht. Er fragte mich auch immer, wann ich meine Tage hätte, damit er sich ausrechnen konnte, wann es ungefährlich war. Eigentlich war es gruselig, im nachhinein betrachtet, alles genau berechnet und getimed. Furchtbar. Ich möchte nie mehr in so einem Alter sein und so unwissend. Es ist ja auch schrecklich, Eltern zu haben, die einem nichts sagen.

Mit den Blutungen hatte ich eigentlich nie Probleme, ich konnte es relativ bald einschätzen, und ich habe auch Buch geführt. Ich hatte auch nicht sonderliche Schmerzen. Was ich nur schrecklich fand, waren die Binden. Wohin mit diesen Riesendingern? Aber als ich dann Tampons entdeckte, war alles überhaupt kein Problem mehr. Die sind klein und handlich, passen in jede Tasche, und die Vorratshaltung auf Reisen ist auch überschaubar. Also für mich ist die Erfindung der Tampons das Größte. Eben auch im Zusammenhang mit Männern, das fiel nicht so auf. Denn damals, ja noch bis ich 30 war ungefähr, wollte ich nicht, daß die wußten, daß ich meine Tage hatte. So nach dem Motto: »Sonst läßt er dich gleich fallen wie eine heiße Kartoffel.«

Damals waren die Kerle ja auch noch so blöde. Denen ging's ja wie uns. Verklemmt, Berührungsängste, nicht aufgeklärt, usw.

Jetzt ist das anders, da rede ich ganz normal über so was, auch mit Männern, Kollegen zum Beispiel. Da sage ich: »Mir geht es heute nicht gut, weil ich meine Tage habe. Ende.« Das verstehen die dann. Die erleben das ja auch mit ihren Frauen. Das ist ganz normal für die. Da werden auch keine Witze drüber gemacht.

Im Grunde verändert sich ja auch vieles mit den Männern gemeinsam. Früher habe ich z. B. nie mit einem Mann geschlafen, wenn ich meine Tage hatte. Heute ist das anders, denn es gab welche, die haben gesagt, es macht mir nichts aus, wenn du deine Tage hast. So

habe ich das gelernt. Natürlich nur mit denen, die ich wirklich mochte. Bei den anderen hätte ich mich bestimmt auch geschämt. Da wär das nicht gegangen.
Rückblickend kann ich sagen, hat sich doch vieles verändert, auch die Blutung selbst. Sie ist manchmal stark, manchmal weniger stark, und so allmählich wird mir das Ganze jetzt zur Last. Am liebsten hätte ich sie nicht mehr. Ich finde es mittlerweile einfach zum Kotzen. Und jeden Monat, wenn ich sie wieder kriege, denke ich, mein Gott, hört das denn überhaupt nicht auf? Ich kann mich auch nicht mehr auf das Datum verlassen und auf die Stärke der Blutung. Mal kommt sie, mal nicht, mal ist sie stark, mal nicht. Schrecklich. Es ist nicht mehr kalkulierbar.
Vielleicht sind es schon erste Andeutungen der Wechseljahre, obwohl ich mich noch nicht so fühle, wie wenn ich drin wäre. Beim Arzt war ich auch, aber der war total bescheuert. Der wollte mir 'ne Hormonspritze geben, einfach »prophylaktisch«, meinte er, ohne mich zu untersuchen. Der spinnt doch.
Angst habe ich nicht vor den Wechseljahren. Weder davor, daß ich mal heule, noch vor fliegender Hitze. Da würde ich auch keine Hormone nehmen. Höchstens, wenn es für die Knochen wichtig wäre. Ich finde es auch schön, daß wir heute über so was offen reden können, auf die Art erfahre ich ja auch von den Frauen, wie sie ihre Wechseljahre erleben.
Ich habe eine Freundin, die ist mein Vorbild. Als es kam, hat sie gesagt: »Ich nehm keine Tabletten, keine Hormone, gar nichts. Es gehört dazu, ich muß damit leben, und irgendwann bin ich damit durch. Basta.«
Deshalb bin ich ganz zuversichtlich, daß es bei mir auch irgendwann kommt und geht und es dann endlich vorbei ist.

»Ich streite immer mit meinem Frauenarzt über eine Mammographie«

Christel, 45 Jahre, Geschäftsführerin

Als ich das erste Mal blutete, habe ich es meiner Mutter gesagt, und daraufhin schenkte sie mir eine Banane. Eine Banane war damals in unserer Familie etwas sehr Besonderes, was wir nicht jeden Tag hatten.
Ich wußte schon, was das war. Ich war jedenfalls nicht erschrocken, als ich das Blut sah.
Ich weiß noch, daß ich bei meiner Mutter im Schlafzimmer stand und mit ihr sprach. Das Schlafzimmer war ein unangenehmer Ort für mich, da hatte sie schon einmal versucht, mich aufzuklären. Da war ich ihr aber davongerannt.
Es war mir ganz komisch dabei, denn meine Mutter hatte so einen merkwürdig moralischen Ton an sich, so als würde sie über etwas Verbotenes sprechen. Ich konnte diesen Ton nicht aushalten. Sie war dann nicht mehr sachlich, sondern moralisch-mystisch. »Ein Geschenk des Himmels« oder so ähnlich. Es fällt mir sehr schwer, das überhaupt zu beschreiben. Sie gab mir dann den rosaroten Gürtel und diese schrecklichen Stoffbinden. Sie erzählte mir noch etwas über ihre erste Periode, bei der ihre Mutter genauso mit ihr umgegangen war wie sie jetzt mit mir. Sie hat sich so wie ihre Mutter bemüht, meine erste Menstruation zu würdigen. Eigentlich, im nachhinein betrachtet, finde ich die Geste meiner Mutter, das kleine Geschenk und ihren Umgang mit meiner ersten Blutung, ganz gut. Es ist ja auch etwas Besonderes, die erste Menstruation.
Dann habe ich mich gefreut, daß ich für den Sport mein Heft führen durfte. Das Heft diente der Kontrolle für die Lehrer, die damit im Sportunterricht überprüfen konnten, ob die Mädchen tatsächlich nur alle vier Wochen nicht teilnahmen. Der Lehrer hat das wirklich auch kontrolliert, wenn man sich das heute vorstellt, ist es doch eigentlich eine Unverschämtheit.
Für mich waren das Geschenk meiner Mutter und das Sportheftchen sehr wichtig. Das waren die Symbole dafür, daß ich jetzt etwas anderes geworden war. Ich dachte daran, daß ich nun in der Lage war,

Kinder zu bekommen. Ich fühlte mich auf dem Weg zur Frau, fühlte mich aufgewertet mit meinem bedeutsamen Heft. Ich fühlte mich wichtig. Ich war mit meiner ersten Blutung kein Neutrum mehr. Ich fühlte mich dem weiblichen Geschlecht zugehörig. Vorher war ich eher den Jungen ähnlich, ich spielte Fußball und balgte mit ihnen. Ab meiner ersten Menstruation ging meine Entwicklung in eine andere Richtung: in Richtung Weiblichkeit.

Die Stoffbinden waren mir wirklich unangenehm, und ich weiß nicht, ob es damals schon andere Binden gab, wir jedenfalls hatten diese Binden nicht, wir hatten nicht viel Geld. Meine Mutter hatte mir auch noch erklärt, daß die Binden mit kaltem Wasser auszuwaschen seien, das geschah in einem dafür vorgesehenen Eimer. Auswaschen mußte ich meine Binden selbst, danach kamen sie dann in die Wäsche zu den anderen Sachen.

Ich wußte zwar, daß ich nach der ersten Blutung auch Kinder bekommen könnte, wie das aber genau funktionieren sollte, war mir nicht klar. Später hat mir mein Vater dann gesagt, daß ich mit meinen vielen Freunden auf dem besten Weg sei, ein uneheliches Kind zu bekommen. Das hat mich sehr verunsichert, denn ich hatte meine Freunde bis dahin immer nur geküßt. Als er so drohte, war ich ganz unsicher geworden, war mir nicht mehr klar darüber, ob man nicht doch vielleicht durch Küssen ein uneheliches Kind bekommen könnte.

Meine ersten Kontakte mit Jungs waren ganz zaghaft, zuerst ganz ohne Berührung. Nur Flirts mit den Augen. Mit ungefähr 15 Jahren habe ich dann erst angefangen zu küssen. Ich erinnere mich noch ganz genau, daß ich einmal ganz wild mit einem Jungen im Schwimmbad rumknutschte, und mein Vater hatte davon erfahren. Danach hat er mir dann mit dem unehelichen Kind gedroht. Er sagte: »Es nimmt noch einmal ein schlimmes Ende mit dir.«

Um etwas gegen meine Unsicherheit zu tun, fragte ich meine Freundin, die sich aber auch nicht sicher war, ob nicht auch Küsse zu Schwangerschaften führen könnten. Ganz endgültig konnten wir diese Frage nicht klären. Es war wirklich schwierig, denn ich war ja aufgeklärt und wußte im Grunde, wie Schwangerschaften zustande kommen. Aber seine Drohungen brachten mich sehr durcheinander.

Ich wollte zu der Zeit nur knutschen, wollte noch gar nicht mehr mit den Jungs machen. Ich glaube, ich spürte da unten noch gar nichts weiter. Ich hatte nur Lust an der Berührung. Geschlechtsverkehr hatte ich erst mit 18 Jahren.
Mein Zyklus war am Anfang nicht besonders regelmäßig. Einmal hatte ich ganz schlimme Bauchschmerzen. Ich erinnere mich an ein Wochenende bei Freundinnen, die jünger waren als ich. Ich hatte ganz stark das Bedürfnis, ihnen mitzuteilen, daß ich meine Tage hatte. Wir haben zusammen gespielt, ihr Vater war Apotheker, und wir spielten Apotheke. Ich verlangte dann Monatsbinden. Ich wollte sie damit provozieren, wollte ihnen zeigen, daß ich jetzt davon eine Ahnung hatte. Meine Freundinnen haben nicht angemessen reagiert, ich glaube, sie haben es gar nicht verstanden.
Mir war ein bißchen mulmig, ich hatte das Gefühl, ein Tabu angesprochen zu haben. Dabei hatte ich nur gewollt, daß sie das erfuhren. Mir war das dann alles sehr peinlich. Und genau an diesem Wochenende mit diesen Freundinnen habe ich dann die schrecklichen Bauchschmerzen bekommen. Ich saß da bei denen im Sessel und habe vor mich hin gelitten. Die Mutter der Mädchen hat sich dann erbarmt und mir eine Tablette gegeben. Sie wußte offenbar, um was es ging. Sie gab mir eine Pille, hat aber nichts Erklärendes zu ihren Töchtern gesagt. Sie hat ihnen nicht erklärt, warum ich so schlimme Bauchschmerzen hatte. Das Verhalten dieser Frau hat mein Gefühl, ein Tabu verletzt zu haben, noch verstärkt. Sie hat so verklemmt um den heißen Brei herum geredet.
Die Frau und meine Mutter haben beide überhaupt nicht offen über die Menstruation sprechen können. Es sollte nicht gesehen werden, sollte verheimlicht bleiben. So ist es ja heute noch. Jeder weiß es, aber es ist unsichtbar. Man soll es so abhandeln, daß es niemand sieht, daß es niemanden stört. Auch der Eimer mit den Binden hatte damals einen Deckel wie ein Windeleimer. Das Blut wurde behandelt wie Fäkalien. Ich hatte jedenfalls nicht das Gefühl, stolz auf meine Menstruation sein zu dürfen.
Der Junge, mit dem ich dann später zum erstenmal geschlafen habe, war der Traum meiner Schulzeit. Das war dann wirklich furchtbar ohne Pille. Ich habe viele eigenartige Verhütungsmethoden angewendet: Spülungen mit kaltem Wasser und Essig. Ich hatte noch

nicht die Pille. Man mußte einen Arzt finden, der einem die Pille gab, ohne Kontrolle, ohne es den Eltern zu sagen. Die Pille zu besorgen war ein ähnlich komplizierter Akt wie eine Abtreibung. Man mußte dazu in die Stadt fahren, eine Überweisung vom Hausarzt haben usw.

Ich hatte dann häufig schwere Eierstockentzündungen. Vielleicht stand das ja im Zusammenhang mit diesen komischen Spülungen. Mit diesen Entzündungen fühlte ich mich bei meiner Mutter auch nicht sehr gut aufgehoben.

In dieser Zeit habe ich ständig in der Angst gelebt, schwanger zu sein. Es war ein fürchterliches Theater. Ich glaube, ich hatte weniger Angst vor einem Kind als vor dem Streß, den mir meine Eltern gemacht hätten.

Einmal war ich wegen der Entzündungen sogar im Krankenhaus. Als ich dann glaubte, wieder gesund zu sein, ging ich auf eigene Verantwortung nach Hause. Die Ärzte hatten mir für vier Wochen Geschlechtsverkehr untersagt, aber ich hatte trotzdem Lust und habe schon in der ersten Nacht mit meinem Freund geschlafen. Geschadet hat mir das nicht, eher im Gegenteil, es hat mich darin bestärkt, daß ich meinen Körpergefühlen sehr gut trauen kann.

Es gab zwar immer Gerüchte, daß man während der Periode keinen Geschlechtsverkehr haben dürfe, aber daran habe ich mich nie gehalten, das lief bei mir immer nur nach dem Lustprinzip. Ich habe nur befürchtet, daß die Männer es vielleicht eklig finden könnten.

Die Frage nach eigenen Kindern ist für mich jetzt klar, aber darüber bin ich auch ein bißchen traurig. Ich hatte immer das Gefühl, ich bin noch nicht soweit, Kinder zu bekommen. Vor sechs Jahren war ich dann einmal schwanger, aber dann hatte ich eine Fehlgeburt. Vielleicht hätte ich dieses Kind bekommen, denn mein Freund hatte mir viele Angebote gemacht. Er wollte sich die Versorgung mit mir teilen.

Eine zweite Schwangerschaft war vor vier Jahren, das war eine Eileiterschwangerschaft. Ich hatte trotzdem meine Tage und habe es deshalb nicht gemerkt, daß ich schwanger war. Ich war dann in der Klinik, und sie mußten mir den Eierstock entfernen. Danach fühlte ich mich sehr amputiert. Das tat mir richtig leid. Meine

Trauer ging auch um eine verpaßte Seite an mir, die ich auch hätte leben können.
Mein Freund hat zwar zwei Kinder, für die ich eine Art Stiefmutter bin. Das ist vielleicht ein Ersatz für nicht erlebtes eigenes Mutterglück. Aber andererseits bin ich auch froh, daß es so ist, wie es ist.
Neulich hat eine Freundin zu mir gesagt, daß ich es einfach noch machen sollte. Da habe ich aber nur hysterisch geschrien, dazu ist es nun aber wirklich zu spät. Dieses arme Kind hätte dann wirklich zu alte Eltern.
Meine jüngere Schwester hat mir erzählt, daß sie es immer furchtbar fand, daß unsere Mutter schon so alt war. Ich erinnere mich auch noch daran, daß ich die grauen Haare meiner Mutter immer schrecklich fand. Ich wollte eine jüngere Mutter ohne graue Haare. Meine Mutter sollte hübsch und jung sein.
Ich glaube, daß sich ein Ei heute auch nicht mehr bei mir einnisten würde, dazu bin ich wahrscheinlich zu alt. Ich habe meine Periode heute noch. Ich glaube, daß es aber langsam nachläßt. Das finde ich irgendwie blöd. Andere Frauen freuen sich darüber, bei mir ist das nicht so. Ich fühle mich entweiblicht, wenn ich das nicht mehr habe. Ich fürchte, dann wieder zum Neutrum zu werden. So wie ganz früher.
Beschwerden habe ich nicht, keine Verstimmungen und nichts dergleichen. Bevor ich meine Tage habe, habe ich oft sehr viel mehr Energie als sonst. Ich habe dann mehr Kraft.
Mit meinem Gynäkologen spreche ich über die Veränderungen meines Körpers nicht. Ich gehe da einmal im Jahr hin und streite mit ihm über die Notwendigkeit einer Mammographie. Ich wehre mich ständig dagegen, während er meint, zur Kontrolle sei das wichtig. Er möchte, daß ich das wenigstens einmal mache. Das finde ich aber falsch. Ich habe dazu in einer Veröffentlichung des Feministischen Frauengesundheitszentrums in Berlin gelesen, daß es Quatsch sei, eine Mammographie zu machen. Ich rede aber jetzt nicht mehr mit ihm darüber.
Zu meiner Körperlichkeit habe ich ein lockeres Verhältnis. Für diese Haltung habe ich aber schon sehr gebüßt. Nach meinem ersten Abort wollte ich dringend eine ambulante Ausschabung machen lassen. Ich ging dann einfach in die Uniklinik und trug mein Anliegen

vor. Dem Gynäkologen dort war das aber offenbar nicht recht. Er hat mich dann richtig gequält. Die Ausschabung war so schmerzhaft, daß ich sehr weinen mußte. Darüber freute er sich und sagte: »Endlich weinen Sie einmal.« Ich weiß auch nicht, was der von mir wollte, wahrscheinlich war ich ihm wegen der frühzeitig zu Ende gegangenen Schwangerschaft zu wenig leidend gewesen. Das war echt ein perverser Typ. Ich glaube, daß ich ihm wohl nicht genügend Macht gegeben habe in der Situation.
Aber ich lasse mir mein eigenständiges Verhältnis zu meinem Körper von blöden Gynäkologen nicht kaputtmachen. Ich möchte möglichst unverklemmt damit umgehen. Das hat sicher auch etwas mit meiner Mutter zu tun, ich wollte immer möglichst normal mit meinem Körper umgehen.

»Bis ich Mitte 20 war, habe ich es hingenommen«

Brigitte, 40 Jahre, Pädagogin

Meine erste Menstruation bekam ich im Urlaub. Es war Silvester, und wir wollten feiern, ich war zwölf Jahre alt. Wir waren im Schwarzwald, und ich entdeckte das Blut in meiner Hose und dachte: O Scheiße, und das an Silvester. Ich habe damit etwas Schmerzhaftes verbunden und glaubte, es täte mir beim erstenmal ein bißchen weh. Ich erzählte meiner Mutter von dem Blut in der Hose, und sie sagte mir, daß ich jetzt meine Tage hätte. Ich wußte schon, daß es ab zwölf Jahren irgendwann kommen konnte. Ich war von meiner Mutter darauf vorbereitet und hatte ja auch mitbekommen, daß sie ihre Tage immer wieder bekam, und wir hatten schon vorher darüber gesprochen.
Trotzdem fand ich, daß Silvester und Menstruation nicht richtig zusammenpaßten.
Meine Mutter gab mir eine Binde. Mit meiner ersten Periode geschah etwas Neues für mich, ich wußte nicht, wie es mir damit gehen würde. Meine Mutter hatte mich aufgeklärt, es war ihr zwar manchmal unangenehm, aber sie hatte es ganz gut gemacht. Es war gut zu

wissen, daß ich mich nicht erschrecken mußte. Ich wußte, daß Frauen ab dem Zeitpunkt ihrer ersten Menstruation schwanger werden können. Aber ich brachte Fruchtbarkeit für mich nicht damit in Verbindung. Ich hatte das Gefühl, ich werde älter, es verändert sich etwas, aber meine Menstruation war nicht verknüpft mit meinem Frauwerden. Ich fühlte mich noch als Kind. Vorstellungen vom Frauwerden kamen erst später, so etwa im Alter von 14 Jahren.

Als ich dann begann, mich für Jungs zu interessieren, stellte sich dieser Zusammenhang her. Meine Weiblichkeit wurde mir mehr am Wachstum meiner Brüste deutlich, das war noch vor Beginn meiner Periode.

Aber so richtig als Frau habe ich mich erst im Alter von 30 gefühlt. Alles, was vorher war, empfinde ich heute als etwas von mir Abgetrenntes. Ich wußte zwar, daß meine Körperfunktionen die einer Frau sind, aber ich war lange ein jungenhaftes, burschikoses Mädchen. Diese Eigenart hat meine Mutter auch unterstützt. Heute denke ich, daß meine Mutter meine Weiblichkeit nicht haben wollte. Ich hatte ganz lange Mühe, mir schöne Sachen zu kaufen, trug lange Jahre Jeans, Sweatshirt und dicke Bollerschuhe.

Andererseits hatte ich aber trotzdem Interesse an Jungs, hatte Lust zu knutschen. Aber ich wußte auch, daß ich durch meine Periode fruchtbar war und aufpassen mußte, wenn ich Lust hatte, mit einem Jungen zu schlafen. Es war klar, daß ich diese Fragen mit meiner Mutter besprechen konnte. Aber es war auch klar, daß es möglichst nicht vor 18 Jahren passieren sollte. Vorher hätte es meine Mutter nicht gut gefunden, das wußte ich. In mir war das aber auch so. Es war nicht ausgesprochen, es war eine unausgesprochene Norm. Damals war man mit 21 Jahren erst volljährig, deshalb fand ich meine Mutter auch recht großzügig mit der Idee, mit 18 mein Geschlechtsleben zu beginnen. Es war o. k. für mich.

Ich hatte damals noch kein Bedürfnis, mit Jungs mehr zu machen, als Händchen zu halten, zu tanzen und zu schmusen. Ich war katholisch, und es war überhaupt etwas Besonderes, daß es möglich war, mit meiner Mutter über Sexualität und Menstruation zu sprechen. Es war wichtig zu wissen, daß ich mit ihr reden konnte. Sie hatte, so sehe ich es heute, ein relativ liberales Verhältnis zu mir

und meiner Sexualität. Und das, obwohl meine Mutter eine strenge Katholikin war.
Als es dann soweit war, habe ich mich mit meiner Mutter verständigt und ging danach zu ihrer Frauenärztin. Sie stand meinem Anliegen zwar sehr kritisch gegenüber, wollte aber auf keinen Fall, daß ich schwanger würde. Ich wußte von meiner Mutter, daß es während des Zyklus eine Zeit von etwa zehn Tagen gibt, an denen man fruchtbar ist. Ich lernte von ihr weiter, daß es während, kurz vor und kurz nach der Periode ungefährlich sei, mit einem Mann zu schlafen. Aber sie gab mir auch mit, daß man sich darauf nicht verlassen kann. Wir sprachen auch über Knaus-Ogino. Meine Eltern verhüteten mit Kondomen und mit Zäpfchen. Meine Mutter nahm ja nicht die Pille, wegen dem Papst.
Ich hatte das Gefühl, ich bin immer fruchtbar, wenn ich nicht blute, und deshalb habe ich dann lieber keinen Geschlechtsverkehr gehabt. Ich wollte keinesfalls schwanger werden.
Mein Blut fand ich eklig, wenn es bräunlich war und unangenehm roch. Ansonsten habe ich meine Periode stoisch hingenommen. Am Anfang hatte ich auch Schmerzen, die später aber immer mehr nachließen.
Bis zum Alter von etwa 28 Jahren war für mich völlig klar, daß Sexualität und Menstruation nicht zusammengehen. Auch für meine damaligen Freunde war das so. Blutung und Sexualität schlossen sich aus, ich erinnere mich auch nicht an Bedürfnisse nach Sex. Es war sehr lange so, daß ich auch nicht masturbierte. Und im Vergleich zu den Leuten, mit denen ich befreundet war, war ich noch sehr locker im Umgang mit Sexualität.
Mein Verhältnis zu meinem Körper hat sich verändert, als ich mich von meinem Mann, den ich im Alter von 24 Jahren geheiratet hatte, getrennt habe. Während dieser Beziehung entdeckte ich langsam meine eigene, unabhängige Sexualität. Ich war damit aufgewachsen, daß nur Männer Lust haben. Allerdings habe ich in der Beobachtung meiner Mutter auch gesehen, daß das so ganz nicht stimmen konnte, denn sie war eine lustvolle Frau. Aber ihre Lust war eher etwas Verbotenes. Ich wußte in der Kindheit nicht genau, ob ihre Lust o. k. war.
So im Alter von 20 habe ich begonnen zu sehen, daß Sexualität für

mich nichts sein sollte, was ich über mich ergehen lassen wollte. Ich wurde langsam aktiver, wollte meine Lust mehr leben, aber das ging mit meinem damaligen Mann überhaupt nicht. Es ging so weit, daß er dann fast überhaupt nicht mehr mit mir schlief. Wir konnten darüber nicht sprechen, das ging mit ihm nicht.

In der Zeit meiner Ehe nahm ich die Pille, und für eine kurze Zeit hatte ich auch die Kupfer-T-Spirale als Verhütungsmittel, das fand ich aber nicht gut. Mein Zyklus war immer regelmäßig. In einer längeren Zeit während meiner Ehe hatte ich die Pille abgesetzt. Aber das war in einer Zeit, in der zwischen uns schon nicht mehr so viel passiert ist. Ich wurde nicht schwanger und weiß auch nicht, ob unsere sexuellen Aktivitäten ausreichend waren, um schwanger zu werden. Einige Zeit später habe ich mich von meinem Mann getrennt.

Mir war dann klar, daß ich keine Kinder wollte. Manchmal, besonders dann, wenn ich bei Freunden war, die kleine Kinder hatten, habe ich doch noch an Kinder gedacht. Aber dann fiel mir immer ein, daß ich mit drei jüngeren Geschwistern großgeworden bin und mir deshalb die belastende Seite bekannt ist: der Streß und die Arbeit, die es bedeutet, Kinder zu haben.

Ich habe als Pädagogin mit einer Menge Kinder zu tun, und ich habe eigentlich keine Lust, mich durch Kinder so fordern zu lassen. Ich habe keine Lust, so viel von mir zu geben. Die schönen Seiten am Kinderhaben finde ich toll, aber ich bin realistisch genug zu sehen, wie stressig der Alltag ist.

In der Zeit, bevor ich meinen jetzigen Partner kennengelernt habe, ist mir klargeworden, daß, so wie die Verhältnisse in unserer Gesellschaft sind, es nicht möglich ist, mit einem Mann tatsächlich ein Kind zusammen zu haben. Mir wurde klar, daß ich mich entscheiden muß, ob ich ein Kind will. Denn schließlich verdienen Männer meist mehr Geld, und die Versorgungs- und Unterbringungsmöglichkeiten für Kinder sind nicht ausreichend.

Allein kann ich es mir gar nicht vorstellen. Und ich hatte wenig Hoffnung, einen Mann zu finden, bei dem es anders sein würde als bei den vielen, die ich so kannte.

Heute erlebe ich meinen Zyklus sehr bewußt. Wir verhüten mit Präservativen und haben lange ein Diaphragma gehabt. Ich beobachte meinen Zyklus sehr genau, habe im Kopf, wann meine fruchtbaren

Tage sind. Ich spüre es durch den Schleim, und ich merke auch, wann ich meinen Eisprung habe. Hormonell verändert sich ja auch etwas, was sich auf meine sexuellen Bedürfnisse auswirkt. Besonders erregbar bin ich in der Mitte meines Zyklus, wenn ich fruchtbar bin. Oft auch, wenn ich meine Menstruation habe, kurz davor oder kurz danach. Am intensivsten ist es aber während des Eisprungs.

Ich war jetzt im letzten halben Jahr sehr krank. Ich hatte eine schwere Darmoperation, und in der Zeit war meine Periode schlimm für mich, weil ich Schmerzen dabei hatte. Es ist das erste Mal direkt nach der Operation vorgekommen, daß ich außerhalb des Zyklus geblutet habe. Meine Tage kamen 14 Tage zu früh, zum Zeitpunkt des Eisprungs. Ich habe zwei, drei Tage geblutet, aber von da an ging es ganz normal im 28tägigen Rhythmus weiter. Die Schwester im Krankenhaus hat mich beruhigt. Es kommt häufig vor, daß der Zyklus nach einer Operation durcheinandergerät. Ich war mir trotzdem unsicher, wie es weitergehen würde. Jetzt ist fast ein halbes Jahr vergangen, und mein Körper reagiert wieder normal.

In den letzten Jahren hat sich mein Gefühl während der Menstruation verändert. Früher fühlte ich mich eher schwach und sehr sensibel. Heute ist es oft so, daß ich ein Gefühl von Stärke spüre, daß ich beflügelt und gut drauf bin. Bis ich 35 war, habe ich das nie so bewußt als Stärkegefühl erlebt.

Parallel zu meiner persönlichen Entwicklung hat sich auch meine Haltung zur Menstruation verändert. Ich kann es besser annehmen, fühle mich aktiver. Meine Sexualität ist während meiner Menstruation sehr eingeschränkt, das liegt aber auch an meinem Partner. Wir schlafen dann nicht oft zusammen. Wir haben darüber nicht gesprochen, es ergibt sich so.

Wenn ich mir vorstelle, nicht mehr zu bluten, finde ich es nicht so gut. Ich denke heute, schließlich habe ich mich gut an meine Menstruation gewöhnt, es würde mir etwas fehlen. Und es ist ja auch so, daß dann etwas zu Ende geht. Ich glaube, ich fänd es komisch. Aber meine Mutter hat immer gesagt, Gott sei Dank, jetzt blute ich nicht mehr. Sie fand das toll. Es gab zwar diese Hitzewellen, aber im Grunde fand sie es gut. Ich bin jedoch zwiespältig.

»Bei mir war alles ein paar Jahre zu früh, auch meine Tage«

Ines, 36 Jahre, Kunsthistorikerin

Ich weiß es noch ganz genau, wie es damals war, als ich meine Tage zum erstenmal bekommen habe. Es war an einem Sonntag, und ich saß mit meiner großen Schwester im Wohnzimmer. Meine Mutter werkelte in der Küche herum. Es war gemütlich und ruhig.

Ich hatte so ein komisches Gefühl im Bauch, und dann fühlte ich mich irgendwie merkwürdig feucht. Ich ging aufs Klo und entdeckte bräunliche Blutflecken in meinem Slip. Als ich das sah, konnte ich mir nicht erklären, was das hätte sein können. Merkwürdig, denke ich heute, daß ich damals eigentlich nicht sonderlich erschrocken war. Ich weiß nicht mehr genau, ob ich überhaupt etwas davon wußte, was mit Frauen so geschieht, wenn sie ihre Tage bekommen.

Ich ging in die Küche zu meiner Mutter und sagte ihr, daß ich diese Flecken gefunden hätte. Sie war besorgt und erkundigte sich, ob ich mich vielleicht verletzt haben könnte. An eine Verletzung konnte ich mich aber nicht erinnern, jedenfalls nicht bewußt. Meine Mutter war erstaunt, schließlich war ich doch erst zehn Jahre alt. Sie besprach das dann kurz mit meiner sechs Jahre älteren Schwester Gaby. Gaby war sich ganz sicher, daß ich jetzt einfach schon meine Tage hatte. Sie stellte schnell einen Zusammenhang zwischen meinen merkwürdigen Bauchschmerzen sowie meiner Übelkeit in der letzten Zeit und meiner Periode her. Die Idee mit der Verletzung überzeugte Gaby nicht. »Schließlich«, so erklärte meine Schwester, »hat sie doch auch schon einen richtigen Busen, warum soll sie dann nicht auch jetzt schon ihre Tage haben.«

Also meine große Schwester wußte offenbar insgesamt besser Bescheid als meine Mutter. Sie übernahm dann auch gleich meine weitere Betreuung. Gaby zeigte mir die Monatsbinden und gab mir eines von ihren grauenhaften Monatshöschen. Das waren damals Unterhosen mit einer ganz fürchterlichen Plastikeinlage und hinten und vorne mit Plastikhaltern, ähnlich den Strumpfhaltern, die es damals noch häufig gab. In diese Halter mußte man die überhängenden Stoffteile der Monatsbinden einhängen. Auf diese Weise befestigt, sollten sie nicht mehr verrutschen. Ich fand diese Seite der Medaille spontan unbequem und unpraktisch. Es war mir kaum vorstellbar, daß ich jetzt in Zukunft alle vier Wochen mit diesem Kram zurechtkommen mußte.

Nachdem wir zuerst die hygienisch-praktischen Fragen geklärt hatten, ging meine Schwester zum inhaltlichen Teil der Angelegenheit über. Sie holte ihr Biologieheft und schlug darin ein von ihr gemaltes Bild der inneren Organe im weiblichen Unterleib auf. Ganz genau erklärte sie mir dann die Zusammenhänge von Eisprung, Fruchtbarkeit und der Periode der Frau. Das war richtig toll. Ich konnte zwar nicht alles auf Anhieb behalten, aber ich hatte eine Vorstellung davon, was in meinem Körper während eines Zyklus so abläuft.

Während Gaby mir die körperlichen Zusammenhänge erklärte, kam auch meine Mutter dazu und hörte sich alles mit an. Sie selbst hätte mir das nicht erklären können, denn sie war weder aufgeklärt worden, noch hatte sie das, was im Biologieheft meiner Schwester stand, jemals in der Schule gelernt.

Für mich war diese Situation, an diesem Sonntagvormittag, sehr schön. Meine Mutter war besorgt, und meine Schwester nahm sich Zeit für mich. Ich hatte ein Gefühl der Geborgenheit und freute mich darüber, mit der Periode meiner großen, tollen Schwester ein wenig näherzurücken. Vielleicht ein erster Schritt dahin, genauso toll zu werden wie sie?

Ich glaube, daß der nicht sehr große Altersunterschied zwischen uns es erleichterte, offen über die Menstruation zu sprechen. Zwischen meiner Mutter und mir wäre das sicher nicht so einfach gewesen. Heute denke ich, daß ich Glück hatte, von meiner Schwester aufgeklärt worden zu sein. Sie erzählte mir dabei von ihren Erfahrungen, und die fand ich spannender und aufregender als die Vorstellungen und Ideen meiner Mutter.

Mit Gaby konnte ich einfach besser reden, auch damals schon. Sie nahm meine erste Menstruation als etwas Selbstverständliches und half mir gleich von Anfang an dabei, ein ebenso selbstverständliches Verhältnis dazu zu bekommen.

Als wir an diesem Sonntag dann gemeinsam mit meinem Vater aßen, hat auch er von meiner Mutter erfahren, daß ich meine Periode be-

kommen hatte. Ich meine, daß er es bedauert hat, daß ich schon so früh mit der Menstruation belastet sei.
Ich fühlte mich wie etwas Besonderes: Schon so früh die Periode zu haben, das war etwas Außergewöhnliches in der Familie. Keine Frau in der Familie hatte bisher schon in dem Alter ihre Menstruation bekommen. Alle diskutierten über die Ursachen und mutmaßten, daß es vielleicht an der gesunden Ernährung gelegen haben könnte, daß ich schon so weit entwickelt sei.
In meiner Klasse hatte noch kein einziges Mädchen ihre Periode. Ich ging in die erste Gymnasialklasse einer Mädchenschule, und es war klar, daß ich ab jetzt immer einmal im Monat beim Sportunterricht nicht mitturnen konnte. Zu der Zeit war das noch so, heute wird das – glaube ich – nicht mehr so streng gesehen wie damals. Die Vorstellung, dann auch in der Schule eine besondere Rolle zu spielen, gefiel mir spontan gut, bis es dann soweit war und ich es in der Schule sagen mußte. Es war für mich in der Schule ohnehin nicht so leicht, weil ich immer schon zu den größten Mädchen in der Klasse zählte und mit der frühen Periode den anderen noch ein bißchen mehr voraus war. Viele Mädchen in meiner Klasse spielten noch gerne mit Puppen und waren sehr kindlich. Das war bei mir anders, Kinderspiele interessierten mich kaum noch, und meine Freundinnen waren alle durch die Bank älter als ich, mindestens zwei Jahre.
Die meisten Gleichaltrigen fand ich zu kindisch. Ich glaube, daß mit meiner ersten Blutung noch eine größere Distanz zwischen mir und meinen Klassenkameradinnen entstanden ist. Ich sehe mich heute noch alleine während der Sport- oder Schwimmunterrichtsstunden auf der Bank sitzen und den anderen zusehen. Ich fühlte mich isoliert, zumal die anderen Mädchen, die ihre Tage noch nicht hatten, nicht so recht verstanden, was mit mir los war.
Für mich war es außerhalb der Familie schwierig, mit meinem Körper, der schon so weit entwickelt war, zurechtzukommen. Zu Hause hatte ich das Gefühl, ich sei etwas Besonderes, und in der Schule fühlte ich mich manchmal fehl am Platz, fühlte mich zu groß, zu plump, schon mit einem richtigen Busen. Und alle vier Wochen diese fürchterlichen Monatsbinden, das war unbequem und schwierig.
Als ich zwei Jahre später ein Mädchen kennenlernte, das auch schon

mit zehn Jahren angefangen hatte zu bluten, relativierte sich mein Gefühl, frühreif und körperlich so anders zu sein. Glücklicherweise bekamen dann auch langsam die anderen Mädchen aus meiner Klasse ihre Menstruation, so daß die Sportstunden während der Blutung nicht mehr nur einsam waren, sondern auch oft genug Spaß machten.

»Ich bekam sie erst ganz spät, das fand ich furchtbar«

Hanna, 42 Jahre, Grafikerin

Ich weiß es noch ganz genau. Ich war 13 Jahre alt und lag im Krankenhaus, weil ich mir das Bein gebrochen hatte. In meinem Zimmer waren noch vier andere Mädchen, die hatten alle schon ihre Tage. Eine war sogar jünger als ich, eine andere war 14. Ich war richtig neidisch, fühlte mich irgendwie minderwertig und schämte mich. Außerdem hatte ich auch noch keinen Busen, nur so kleine Wölbungen an den Brustwarzen. Ich habe dann immer überlegt, ob ich mir einen BH kaufen und Watte reinstecken sollte. Aber das fand ich dann auch blöde.

Vielleicht kamen meine Tage so spät, weil ich sportlich sehr aktiv war und insgesamt auch ziemlich dünn, obwohl ich als Säugling ziemlich fett war. Mit 17 blutete ich dann endlich zum erstenmal und bekam in der Zeit auch einen schönen, festen, runden Busen. Nicht zu groß und nicht zu klein. Genau richtig. Ich war mächtig stolz.

Als meine Mutter merkte, daß ich meine Tage bekommen hatte, sagte sie: »Wenn du blutest, laß dich nicht mit Männern ein.« Ich war sprachlos. Einmal, weil ich noch mit keinem Mann geschlafen hatte zu der Zeit, und außerdem empfand ich damals ein Gefühl des Ekels bei dieser Vorstellung. Mein Blut gehörte mir ganz allein, das wollte ich mit niemandem teilen. Das war übrigens alles, was ich an Aufklärung mitbekam. Falls man das überhaupt als Aufklärung bezeichnen kann.

Ich sprach mit niemandem darüber, nur mit meiner besten Freundin. Die hatte ihre Tage schon länger, und sie konnte mir auch Hygienefragen beantworten. Ihren Vorschlag mit den Tampons fand ich allerdings ziemlich unangenehm. Mir da so etwas Trockenes in die Möse schieben? Das konnte ich mir nicht vorstellen. Ich nahm dann Binden und kam einigermaßen damit klar. Wenn ich meine Tage hatte, fürchtete ich oft, man könne die Binde sehen oder vielleicht sogar einen Blutfleck.

Ich habe in der Zeit der Periode immer möglichst dunkle Sachen getragen. Das paßte damals auch zu meiner Entwicklungsphase: existentialistisch, mit Literatur von Sartre und Camus und dunklen Rollis wie Juliette Gréco. Die habe ich bewundert und trug die gleiche Frisur. Irgendwie gar nicht weiblich mit den Jeans damals, aber das war ja nur äußerlich. Innerlich fühlte ich mich total als Frau, war stolz auf meine Figur und auch darauf, daß die Jungs hinter mir her waren. Aber ich hatte noch viel Angst vor richtigem Geschlechtsverkehr, mehr als Petting war nicht drin.

Auch vor der Pille habe ich mich gefürchtet, die Vorstellung, jeden Tag eine davon zu nehmen, war mir unangenehm. Obwohl meine beste Freundin sie nahm, weil sie einen festen Freund hatte, mit dem sie schon schlief. Sie war in allem viel weiter als ich. Das lag ganz sicher auch daran, daß ich mich in dieser Zeit nur für Bücher interessierte. Aber Bücher über Aufklärung habe ich mir nicht gekauft, ich weiß nicht einmal, ob es damals überhaupt etwas darüber gab. Und beim Frauenarzt war ich bis dahin auch noch nicht. Warum auch?

Komisch. Wenn ich mir das überlege: Meine Mutter war total verklemmt und kühl und meine Schwester auch. Ihr merkte man das nur nicht an, weil sie toll aussah und einen richtigen Frauenhintern hatte. Merkwürdigerweise war ich im Grunde überhaupt nicht verklemmt. Ich hatte körperlich überhaupt keine Hemmungen. Ich habe mit zehn Jahren das Onanieren entdeckt und es dann all meinen damaligen Freundinnen beigebracht. Wenn ich mir das heute überlege!

Ich finde, das gehört alles irgendwie zusammen: meine Einstellung zu mir, zu meinem Körper. Ich war stolz darauf und konnte immer gut dazu stehen, zu meinem Schweiß, meinen Tränen, meiner Sexualität. Vielleicht habe ich deshalb auch nie Schmerzen gehabt. Weder vor noch während der Periode.

Und ich bin auch auf eine sehr schöne und liebevolle Art entjungfert worden. Wir hatten alles richtig geplant und organisiert: Wir fuhren zusammen in die Ferienwohnung seiner Eltern, ich war damals 18. Es hat zwar ein bißchen gezwackt, aber Schmerzen waren es nicht. Und mit all den anderen Liebkosungen und Zärtlichkeiten zusammen war es dann sehr schön. Geblutet habe ich auch. Wieder war ich stolz auf mein Blut und mein Freund auch, der es am nächsten Morgen aus dem Laken wusch und mir das Frühstück ans Bett brachte. Ich fühlte mich wie eine Königin!

Und dann passierte etwas Komisches. Ich kam zurück, und mein Vater, ausgerechnet mein Vater!, war noch am selben Tag der festen Überzeugung, daß die Zeit gekommen sei, mich aufzuklären. Der hatte bestimmt etwas gewittert. Aber ich stellte mich ahnungslos und hörte ihm innerlich grinsend zu. Denn ich war ja inzwischen schon von meinem Freund aufgeklärt worden, der war fünf Jahre älter als ich. Ich betrachtete mir also meinen Vater, wie er rot und röter wurde und sich für seine Ehefrau entschuldigte, die ihn gebeten hatte, ihr diese lästige Arbeit abzunehmen. Er war jetzt plötzlich ganz unsicher, obwohl er doch sonst immer den Obermacker spielte.

Vielleicht habe ich deshalb auch meinen Freund geheiratet, der war sehr einfühlsam, verständnisvoll und respektierte mich, während mein Vater immer alles besser wußte. Leider hielt unser kleines Familienidyll mit Kind nicht lange. Es war damals die Zeit, in der man dauernd diese bescheuerten Beziehungsdiskussionen führte.

Rückblickend kann ich sagen, daß immer dann, wenn ich innerlich und äußerlich meinen Frieden hatte, auch meine Periode problemlos war. Sie kam pünktlich, ich hatte keine Schmerzen. Natürlich hat sich meine Einstellung gegenüber meinem Blut auch verändert. Mit meinem ersten Mann z. B. oder mit meinem zweiten ist es ganz klar: Wenn wir Lust haben, miteinander zu schlafen, dann tun wir es, unabhängig davon, ob ich blute oder nicht. Ansonsten habe ich intuitiv immer klar unterschieden: mit vertrauten Männern ja, mit Kurzgeschichten nein.

Eine Luststeigerung, von der manche Frauen erzählen, habe ich dabei nicht; die ist bei mir immer extrem in der Zeit des Eisprungs. Vielleicht ist das so, weil ich früher immer einen ganzen Stall voll

Kinder wollte. Es gibt ja eine ganze Menge solcher Spekulationen. Aber davon halte ich nicht viel. Auch nicht von dieser Vermutung, daß Melancholie oder Depressionen vor der Blutung damit zu tun hätten. Man muß das doch immer im Zusammenhang mit der Persönlichkeit der Frauen sehen, wie sie Dinge erleben, verarbeiten, was sie für ein Leben führen.
Wenn ich zum Beispiel Managerin wäre und täglich sehr gut gekleidet sein müßte, würde ich wahrscheinlich mein Blut nicht gut akzeptieren können, weil ich doch mit so viel Streß am Hals ganz anders auf Alltagsstörungen reagiere, als wenn ich z. B. zu Hause sein kann.
Ich habe es natürlich gut mit meiner freien Berufstätigkeit. Wenn es irgendwie zu organisieren ist, versuche ich, den ersten Tag terminfrei zu halten, weil ich ihn eigentlich sehr genieße. Ich habe das Gefühl, daß so eine Art Hochspannungsleitung in mir zusammenbricht und plötzlich alles ganz ruhig und friedlich wird. Ja, Friedlichkeit ist das richtige Wort für dieses Gefühl. Ich bin auch sehr liebevoll und weich in dieser Zeit, aber am ersten Tag eben ganz besonders. Und ich habe das Gefühl, ganz und gar geerdet und meiner selbst sicher zu sein.

»Ich komme nicht in die Wechseljahre, weil ich noch die Pille nehme«

Frederike, 50 Jahre, Hutmacherin

Ich kenne eine Frau, die war über 50, als sie schwanger wurde. Davor habe ich auch Angst, deshalb nehme ich noch immer die Pille. Seit knapp 30 Jahren nehme ich die schon, nach der Geburt von unserer Tochter habe ich damit angefangen. Und als ich sie dann Jahre später mal aus Versehen drei Tage vergessen hatte, wurde ich schwanger. Wir wollten gar kein zweites Kind, zumal das erste schon 14 war. Und wir waren auch mitten im Hausbau.
Ich vertrage die Pille gut, und ich geh auch nicht mehr zum Arzt deswegen. Mein Apotheker gibt mir die so. Ich sag ihm immer,

willst du auf das Kind aufpassen oder lieber freiwillig die Pille rausrücken? Dann lacht er und gibt sie mir. Sie bekommt mir bestens. Also, was soll's? Eine ist mir mal nicht bekommen, da kriegte ich Akne, und dann habe ich gewechselt.
Ich war schon seit Jahren nicht mehr beim Frauenarzt, auch nicht zur Vorsorgeuntersuchung. Ich habe viel mit Kranken und Krankenschwestern zu tun. Da will man bestimmte Sachen gar nicht erst wissen.
Wann ich meine Tage das erste Mal bekam, weiß ich nicht mehr genau. Ich war, glaube ich, 14, 15. Meine Klassenkameradinnen hatten das zum Teil schon, ich wußte also, da kommt was. Und ich guckte immer in den Schlüpfer rein und dachte: Immer noch nicht, immer noch nicht. Und dann kam's. So gesehen, war ich vorbereitet, aber eben eher von den Freundinnen als von meiner Mutter. Das Thema war total tabu, auch Sexualität. Ich habe ja noch nicht einmal meinen Vater in Unterhosen gesehen.
Als es dann kam, es war ein Sonntag, und ich sollte Schlagsahne vom Bäcker holen, da habe ich mich geschämt, es meiner Mutter zu sagen. Ich war stolz, so nach dem Motto: »Endlich bist du auch soweit«, aber ich war auch total unsicher. Da bin ich dann zu meiner Schwester gegangen und habe gefragt, was muß ich denn jetzt machen? Damals gab's ja noch diese dicken Stoffbinden, die man festknoten mußte, und die hat meine Schwester mir dann gegeben, und gesagt: »Geh du man jetzt mal Sahne holen, in der Zwischenzeit sag ich es Mutti.« Und als ich zurückkam, nahm meine Mutter mich in den Arm und sagte: »Jetzt sind wir alle drei Frauen.« Ich fand das aber nicht schön. Weil es doch alles so verklemmt war. Sie sagt heute noch: Das Thema gab es nicht.
Auch das Auswaschen der Binden z. B. habe ich von meiner Schwester gelernt, nicht von meiner Mutter. Damals waren die ja noch aus Stoff, und man mußte die einweichen. Ich habe mich dermaßen davor geekelt. Das hat am Anfang sogar meine Schwester für mich gemacht. Da waren die Binden zum Wegwerfen später ja wie eine Befreiung. Und als dann die Tampons kamen, habe ich das versucht, aber es ging nicht. Da hab ich's gelassen. Meine Tochter hat von Anfang an Tampons benutzt. Aber mir macht es auch nichts aus, Binden zu nehmen, weil meine Blutung immer schon so minimal

war, daß ich mit diesen ganz kleinen, schmalen Binden auskomme, die sieht man auch nicht von außen.
Ich bin ja auch nie aufgeklärt worden. Ich hatte von nichts eine Ahnung. Und als ich das erste Mal mit einem Mann schlief, mit dem war ich zwar schon verlobt, und wir haben dann ja auch geheiratet, aber trotzdem: Ich wurde gleich schwanger. Mit 19. Das muß man sich vorstellen. Das erste Mal, und schon saß ich fest. Und was hatte ich Angst vor meinem Elternhaus! Es war die Hölle. Ich habe dann versucht abzutreiben. Mit einem Pernod-Bad. Heißes Wasser und jede Menge Pernod rein. Aber das Kind blieb. Und weil ich ja verlobt war und wir dann auch gleich geheiratet haben, war ja so gesehen alles in Ordnung, und meine Eltern haben es dann doch akzeptiert. Aber ein uneheliches Kind, mein Gott, die hätten mir den Kopf abgerissen.
Heute ist das Verhältnis zu meiner Mutter etwas entspannter in diesen Fragen zu Monatsblutung und Körperlichkeit. Sie bewundert beispielsweise, wie wir mit unseren Kindern umgehen, daß wir uns auch nackt zeigen und wie wir sie aufgeklärt haben. Ich habe z. B. meiner Tochter, als sie 14 oder 15 war, gesagt: »Du, wenn du zum Frauenarzt willst oder Fragen hast, sag Bescheid, auch wenn du die Pille brauchst.« Und richtig aufklären mußte ich sie dann ja auch nicht, sie hatte schon alles im Biologieunterricht gelernt. Mein Sohn auch. Die wissen heute einfach mehr, die Jugendlichen, als wir damals.
Wenn ich daran denke, auch an die Schwangerschaft und die Geburt: Der Bauch wuchs und wuchs, ich war auch beim Frauenarzt, aber ich hatte trotzdem von nichts eine Ahnung. Als es dann mit der Geburt soweit sein sollte, ist mir die Fruchtblase geplatzt. Wir wohnten damals noch im Haus meiner Eltern, und da bin ich zu meiner Mutter gegangen und habe gefragt, was ich tun solle. Und da hat meine Mutter, die drei Kinder geboren und sechs Fehlgeburten gehabt hatte, gesagt: »Leg dich mal wieder ins Bett, das kommt noch lange nicht.« Das muß man sich mal vorstellen! Und dann kam sie fünf Minuten später wieder und sagte: »Vati hat gesagt, dann mußt du gleich ins Krankenhaus.« Mein Vater!
Und ich muß gestehen, als es soweit war und das Kind kam, wußte ich nicht, wo es rauskommt. Ganz hinten oder ganz vorne oder in der

Mitte. Furchtbar. Und das mit einer Mutter, die neunmal schwanger war und sechsmal versucht hat, abzutreiben. Mit Laugen hat sie es gemacht und auch mit Nadeln. Und dann hat es geblutet, und da wurde sie dann ausgeschabt. Wenn sie das heute erzählt, wird mir immer ganz schlecht. Und mein Vater hat sie auch nie bis zur Klinik gebracht, sondern nur bis zur Ecke davor. Der hat sich auch geschämt, seine Frau da abzugeben. So ein Elternhaus hatte ich. Gott sei Dank war die Familie meines Mannes da freier, sonst hätten meine Kinder vielleicht auch noch die Verklemmtheit, die ich damals hatte.

4. Kapitel
Wechseljahre – Ein vertrauter Rhythmus hört auf

Fast alle Frauen, die heute in den Wechseljahren oder bereits darüber hinaus sind, wurden als junge Mädchen nur ungenügend oder überhaupt nicht aufgeklärt. Sie bekamen kaum Informationen zu ihrer körperlichen Entwicklung und zur Menstruation. Sie erhielten lediglich Anweisungen oder Verhaltensregeln, die ihnen meist erst zum Zeitpunkt der Menarche gegeben wurden. Die meisten Mädchen waren schockiert, als sie das erste Blut bemerkten. Sie waren verunsichert und fürchteten, eine gefährliche innere Verletzung zu haben oder gar sterben zu müssen. Sie reagierten ängstlich, zogen sich zurück, und manche schafften es nicht, sich jemandem anzuvertrauen.

Wir haben keine Frau dieser Generation kennengelernt, die schon vor der Menarche wußte, was mit Beginn der Periode auf sie zukommen würde. Ihre Mütter schwiegen oder informierten ihre Töchter mit kargen Sätzen über die fortan regelmäßig wiederkehrende Blutung. Manche von ihnen überließen die Aufklärung der Töchter sogar den Vätern, sie schämten sich zu sehr. Wir haben immer wieder erfahren, daß es den Eltern der Frauen sehr schwer gefallen sein muß, überhaupt über diese Themen zu sprechen. Es herrschte eine sehr viel größere Unwissenheit über körperliche Prozesse und Entwicklungen als heute, und auch die Scham war größer.

Dafür gab es andererseits sehr klare und strenge Vorstellungen vom Verhalten menstruierender Mädchen und Frauen. So wurde manchen Mädchen verboten, sich während der Menstruation zu waschen, man glaubte, daß das Waschen Krankheiten fördern könnte. Eine Frau berichtete, daß sie besonders darunter litt, in den Tagen der Blutung ihr Unterhemd nicht wechseln zu dürfen. Sportliche Aktivitäten waren ohne große Erklärungen verboten. Manche Frauen fühlten sich bestraft, eingeschränkt und stark verunsichert durch den Eintritt ihrer ersten Blutung, deren regelmäßige Wiederkehr sie bedrohlich fanden. Viele litten unter den beschwerlich-unbequemen hygienischen Bedingungen. Für die meisten gab es z. B.

nur handgestrickte oder genähte Monatsbinden, die man an einen Gürtel oder an den Schlüpfer knüpfen mußte. Sie wurden immer wieder verwendet und deshalb in den meisten Haushalten in dafür vorgesehenen Behältnissen ausgewaschen. Die meisten fühlten sich nicht wohl mit diesen Binden, aber die weicheren Wegwerfbinden waren, so es sie denn schon gab, oft zu teuer und durften nur zu besonderen Anlässen getragen werden.
Wegen der katastrophalen Aufklärungssituation wurden Frauen dieser Generation häufig ungewollt schwanger, weil ihnen nicht klar war, wie Schwangerschaften entstehen. Sie berichteten über schmerzliche Erfahrungen wie Abtreibungen oder darüber, daß sie wegen einer ungewollten Schwangerschaft selbstverständlich zur Heirat gezwungen waren. Schließlich hätte die Geburt eines unehelichen Kindes ein noch größeres Problem bedeutet.
Doch die Entwicklungen der letzten Jahrzehnte haben auch für die Frauen dieser Generation Erleichterungen gebracht: die Antibabypille, bequeme Monatshygiene und eine Reihe von Weiterentwicklungen im Bereich der Therapie von Wechseljahrsbeschwerden. Wir haben von unseren Gesprächspartnerinnen viel Interessantes darüber erfahren, wie Frauen diese Lebensphase im Rückblick wahrnehmen, wie diejenigen sich fühlen, die mittendrin sind, und welche Befürchtungen all die haben, für die sich der Wechsel erst zaghaft andeutet.
Werde ich jetzt alt? Werde ich jetzt dick? Bin ich überhaupt noch begehrenswert? Welche Symptome werden meine Wechseljahre begleiten? Soll ich Hormone nehmen oder nicht? Dies alles sind Fragen, die Frauen beschäftigen, wenn sie in diese Lebensphase eintreten. Wie aber in allen anderen Altersgruppen auch, so ist die Haltung der Frauen auch in diesem Entwicklungsprozeß sehr unterschiedlich. Da sind die einen, die ohne Angst und Wehmut einem Leben ohne Menstruation, ohne die Gefahr, schwanger zu werden, und mit der Hoffnung auf mehr Freiheit entgegengehen. Und da sind die anderen, die schon lange vor den ersten Unregelmäßigkeiten ihrer Blutung Befürchtungen haben, daß es ihnen schlechtgehen werde, sie Depressionen zu erwarten hätten, und die um ihre Jugend, ihre Attraktivität und die verlorengehende Fruchtbarkeit trauern. Das Umgehen mit den Wechseljahren ist letztlich so unterschiedlich wie die Frauen selbst.

Manche Frauen versuchen mit aller Macht, erst gar nicht in die Wechseljahre zu kommen. Sie verlassen sich auf die Möglichkeiten der Pharmazie, nehmen Medikamente ein und möchten damit alles nutzen, was ihnen Beschwerden erspart und sie weiterhin jung zu erhalten verspricht. Andere lassen die Wechseljahre auf sich zukommen und nehmen erst mit der Unregelmäßigkeit ihrer Menstruation auch Veränderungen ihrer Stimmung und Lebenshaltung wahr. Sie fühlen sich depressiv und niedergeschlagen, kraftlos und ohne rechtes Selbstbewußtsein. Solche Gefühle werden oft der veränderten hormonellen körperlichen Situation von Frauen in den Wechseljahren zugeschrieben. Wir haben erfahren, daß Frauen in den Wechseljahren, die unter diesen Symptomen leiden, in erster Linie ihre Gynäkologen aufsuchen, deren Aufgabe es dann ist, genau zu überprüfen, welche körperlichen und seelischen Ursachen diese veränderte Gemütsverfassung haben könnte.
Es gibt ein vielfältiges Angebot zur Behandlung von Wechseljahrsbeschwerden und auch zur Selbsthilfe. Alle Fachleute waren sich darin einig, daß es für die eine Frau richtig und wichtig sein kann, Hormone zu nehmen, während die andere ihre Beschwerden auch mit einer Ernährungsumstellung oder einer veränderten Lebensweise bewältigen kann.
Für alle Frauen richtig scheint allerdings die genaue Betrachtung ihrer gesamten Lebenssituation, in der die Beschwerden auftreten, zu sein. Hier ist es wichtig, nicht nur die körperliche Seite zu sehen, denn auch die Familiensituation, die sozialen Lebensverhältnisse können zu körperlichen Beschwerden beitragen. Für viele Frauen fällt die Zeit der Wechseljahre häufig mit der Lebensphase zusammen, in der die Kinder das Haus verlassen, die Mütter sich also auch familiär auf eine Veränderung einstellen müssen.
Und noch eines wurde klar in den Gesprächen mit den Frauen in dieser Lebensphase: daß sich inzwischen schon eine Reihe von Veränderungsprozessen innerhalb dieser einen Generation vollzogen hat. Während die älteren Frauen ihre Probleme mit den Wechseljahren noch ausschließlich mit ihren Hausärzten oder Gynäkologen bearbeitet haben, gehen jüngere Frauen, die heute die Phase des Wandels erleben, anders damit um. Sie sind aktiver geworden, informieren sich vielfältiger, bauen nicht nur auf die Schulmedizin,

sondern suchen auch nach anderen Wegen, wie z. B. Naturheilkunde oder Selbsthilfemethoden. Sie sehen inzwischen, daß es oft nicht nur die körperlichen Veränderungen, die die Wechseljahre mit sich bringen, sind, die ihnen Probleme bereiten. Es wächst eine kritische Einstellung dazu, daß in unserer Gesellschaft Jugendlichkeit und die Attraktivität der Jugend eine so dominierende Rolle spielen. Die jüngeren Frauen in der Phase der Wechseljahre sind sich inzwischen ihrer Attraktivität auch auf anderen Ebenen als auf der bloß jugendlich-erotischen bewußt. Die Wechseljahre bedeuten für viele nicht mehr die Angst vor dem Alter und dem Verlust der Schönheit als junge Frau, sondern auch eine Chance, eine andere Attraktivität zu entwickeln. Gestärkt durch Lebenserfahrung und Selbstsicherheit treten viele Frauen heute in die neue Lebensphase ohne monatliches Blut ein.

»Es gehörte dazu, aber wenn es vorbei ist, ist es noch schöner«

Constanze, 49 Jahre, Verkäuferin

Seit zwei Jahren bin ich in den Wechseljahren. Das äußert sich bei mir in nächtlichem Schwitzen. Ich wache manchmal schweißgebadet auf und muß das Nachthemd wechseln. Ansonsten merke ich nichts weiter. Es ist im Grunde, wie wenn es heißer Sommer wäre und man schwitzt. Manchmal kann ich nicht schlafen. Ich kann zwar einschlafen, aber nach ein bis zwei Stunden bin ich wieder wach und kann nicht weiterschlafen. Dann stehe ich auf, geh ins Wohnzimmer und lese, bis ich müde bin, und dann geht es wieder.

Eigentlich war das plötzlich da, obwohl ich meine Periode noch regelmäßig alle 28 Tage habe. Es ist allerdings weniger geworden. Früher hatte ich sie sechs bis sieben Tage, und heute maximal vier Tage. Ach ja, und weniger Blut ist es auch. Ich leide nicht darunter, ich nehme es einfach so hin. Ich messe dem keine große Bedeutung zu.

Als ich bei der letzten Vorsorgeuntersuchung war, da habe ich das angesprochen, und der Arzt schlug vor, Hormone zu nehmen. Da habe ich gesagt, aber ich habe doch noch regelmäßig im Monat meine Tage, und habe gefragt, muß ich das unbedingt? Und er hat gemeint, nicht unbedingt. Ja, dann lasse ich es eben. Ich kann mir eigentlich auch nicht vorstellen, welche zu nehmen, denn ich bin gegen Medikamente. Ich nehme sonst ja auch nichts. Der einzige Grund wäre vielleicht, wenn ich Osteoporoseprobleme hätte. Aber ich nehme Kalkpräparate, insofern glaube ich, bin ich da geschützt.

Im Grunde ist es wie mit einem Auto, so sehe ich das: Wenn das zehn, zwölf Jahre alt ist, dann ist der Motor nicht mehr so in Ordnung, dann ist der Lack schon ein bißchen beschädigt; und so ist es bei den Menschen auch. Dann kriegen sie ihre Falten, der Körper hat seine Macken. So vergleiche ich das.

Daß ich nicht mehr fruchtbar bin oder sein werde, ist für mich auch kein Problem, denn ich will ja keine Kinder mehr. Und sexuelle Gefühle hat man ja trotzdem. Das ist ja nicht so, daß ich keine Gefühle hätte.

Ich bin der Meinung, wenn die Partnerschaft in Ordnung und man seelisch ausgeglichen ist, dann ist das alles kein Problem. Ich sehe das ja in meinem Freundeskreis: Immer da, wo die Frauen Probleme mit dem Älterwerden haben, sind die Ehen nicht in Ordnung. Ich sage mir immer, wenn deine kleine Familie in Ordnung ist, dann bist du gegen alles andere gefeit. Und dann hast du auch keine Probleme mit dem Älterwerden. Und diese Zeit kann ja auch schön sein oder noch schöner. Die Kinder sind groß, man hat keine materiellen Sorgen mehr, dann kann einem doch nichts mehr passieren.

Ich bin mir sicher, daß ich das hundertprozentig bejahen kann, wenn dann die Blutung endgültig aufhört.

Als ich jünger war, hatte ich die Einstellung: Es gehört dazu, aber wenn es vorbei ist, ist es noch schöner. Ich hatte nie Probleme damit. Und wenn es jemand wußte, daß ich meine Tage hatte, dann habe ich mich auch nie geschämt. Es ist menschlich, es gehört dazu. Die Binden und Tampons lagen im Bad, damit hatte ich keine Probleme. Nur Schwimmen gehe ich nicht, wenn ich blute, das ist eine Frage der Rücksichtnahme auf andere, mit Fußpilz würde ich ja auch nicht schwimmen gehen.

Das einzige Problem war für mich, daß ich nicht aufgeklärt wurde. Als ich die Periode bekam, kriegte ich von meiner Mutter zu hören: »So, jetzt kannst du schwanger werden.« In der Schule hatte ich schon mehr darüber gehört, man sprach ja mit den Freundinnen darüber, deshalb wußte ich auch, was auf mich zukam, als ich sie das erste Mal hatte. Da war ich 14.
Ich saß auf der Toilette und dachte, oh, was ist das denn, als ich die Blutflecken sah. Ich war aber eigentlich gar nicht so sehr überrascht, weil ich es von der Schule her ja wußte. Und dann bin ich zu meiner Mutter gegangen, und sie hat mich gleich losgeschickt, damit ich mir Binden kaufen gehe. Sie hat mir die nicht gekauft.
Aufgeklärt haben mich meine Schulfreundinnen. Da gab es ja welche, die hatten schon sexuelle Beziehungen. Allerdings, so stellte sich später heraus, war ich doch nicht so gut aufgeklärt. Ich wußte nicht genau, wann die fruchtbaren Tage waren. Und so bin ich dann auch mit 19 schwanger geworden. Und da ich selbst ein ungewolltes Kind bin, habe ich es abgetrieben. Denn ich wollte auf keinen Fall, daß mein Kind das Schicksal erfährt, das ich erlebt habe.
Ich komme eigentlich damit erst seit kurzem richtig klar. Ich habe lange, lange Jahre darunter gelitten. Man fühlt sich minderwertig. Man knackt sehr lange daran. Deshalb war meine Tochter ein Wunschkind. Ich bekam sie mit 27, da war ich verheiratet, und wir hatten sie geplant. Vor ihrer Geburt hatte ich aber zunächst die Pille genommen, weil ich eine Abtreibung nicht noch mal erleben wollte, und nach der Geburt meiner Tochter dann die Spirale. Und das hat funktioniert.
Mit Männern geschlafen habe ich auch, wenn ich meine Tage hatte, aber nur mit solchen, die mir vertraut waren. Es gibt ja Männer, die mögen das, die wollen das. Allerdings haben wir aus hygienischen Gründen dann immer Präservative genommen. Es war schön, ein ganz anderer Reiz, ich bin viel schneller zum Orgasmus gekommen. Also bei 'nem Quicky habe ich das natürlich nicht gemacht. Ich sag immer, der Mann muß so vertraut sein, daß man ihm die Mitesser am Po ausdrücken kann. Denn es ist was ganz Intimes. Manchmal habe ich meine Tage auch benutzt, um Männer abzuweisen. Wenn zum Beispiel einer von mir was wollte, den ich

nicht wollte, dann habe ich gedacht: Wie wirst du den wieder los? Und da habe ich dann gesagt: »Laß mich in Ruhe, ich hab meine Tage.«
Mit meinem Zyklus hatte ich eigentlich nie Probleme, ja, ein bißchen Ziehen im Bauch, aber es waren keine Schmerzen. Deshalb habe ich da nie groß was draus gemacht. Es gehörte eben dazu. Ich habe zwei Wochen vorher meinen Eisprung gemerkt, an diesem Ziehen im Bauch. Und eine Woche, bevor ich meine Tage bekomme, da merke ich meinen Putzfimmel. Ich bin sonst kein Putzteufel, aber wenn ich meine Tage kriege, da könnte ich die ganze Bude auf den Kopf stellen. Und irgendwie bin ich dann schlecht gelaunt. Normalerweise bin ich nicht mißmutig, aber dann ja. Und dann sag ich zu meinem Mann: »Laß mich zufrieden, ich krieg meine Tage.« Das ist für ihn o. k. Manchmal sagt er auch: »Ah, sie putzt wieder, sie kriegt ihre Tage.« Aber das ist nicht abwertend. Er meint es liebevoll.
Ich bin sehr glücklich mit meinem Mann. Es ist alles so stimmig, eine Art seelische Übereinkunft. Und sehr viel Zärtlichkeit. Deshalb bin ich ja auch zufrieden. Ich kann mit Würde alt werden. Die meisten Frauen können das nicht, und ich glaube, daß die Männer daran schuld sind, weil sie junge Frauen und keine alten Frauen wollen. Frauen sollen attraktiv bleiben. Die älteren Männer gucken doch immer nach Jüngeren, weil sie selber nicht alt werden können. Meine eine Freundin z. B., deren Mann etwas jünger ist, die kann nicht alt werden, weil sie immer meint, sie müßte besonders attraktiv sein für ihn.

»Die Pille hat mir damals mein erster Freund besorgt, beim Arzt war ich deshalb nicht«

Carmen, 45 Jahre, Krankengymnastin

Ich war zwölf Jahre alt, als ich meine erste Periode bekam. Ich wollte mit meinem Vater ins Schwimmbad gehen, als ich den Fleck in meiner Hose bemerkte. Um das Ereignis zu übergehen, wollte ich einfach eine zusätzliche frische Unterhose mitnehmen und trotzdem mit meinem Vater zum Schwimmen. Meine Mutter hatte aber irgendwie schon etwas bemerkt und mir dann den Schwimmbadbesuch verboten. Ich konnte es überhaupt nicht einsehen, warum ich jetzt nicht, wie alle anderen Mädchen auch, dorthin durfte. Ich habe meinen Eltern erklärt, ich hätte mich am Fahrradsattel gestoßen und das Blut käme wegen dieser Verletzung. Zu dem Zeitpunkt war ich noch nicht aufgeklärt.

In der Schule war es für die Mädchen wichtig, daß sie ihre Tage hatten. Beim Turnen hatte das eine Bedeutung. Wir waren stolz darauf, die Menstruation zu haben, es war ein Zeichen für Erwachsensein. Aufgeklärt wurde ich von meiner Mutter erst nach meiner ersten Blutung. Ich habe als junges Mädchen oft bei ihr im Bett geschlafen, wenn mein Vater Nachtdienst hatte. In ihrem Schlafzimmer sah ich auch immer diese blauen Camelia-Schachteln. Ich war ganz schön neugierig, und sie hat mir erzählt, daß man, wenn man die Periode alle vier Wochen bekomme, auch Kinder kriegen könne. Ich traute mich nie, ganz direkt nach etwas zu fragen. Ich habe nur immer genau aufgepaßt, wenn ich etwas aufschnappen konnte über Sexualität und Menstruation.

Am Anfang hatte ich ganz schlimme Schmerzen, wenn ich meine Menstruation hatte. Die Beschwerden waren so schlimm, daß sogar der Arzt kommen mußte. Ich hatte das Gefühl, nicht ruhig liegen zu können, Bewegung tat mir dann gut. Insgesamt habe ich meine Blutung aber hingenommen.

Von Anfang an habe ich immer Binden benutzt. Ich bin gegen Tampons eingestellt. Es kommt mir unnatürlich vor, einen Tampon im Körper zu tragen, so daß das Blut nicht herausfließen kann. Es hat ja auch schon Todesfälle gegeben wegen der Tampons. Ich benutze sie nur manchmal, und dann ist es mir meist unangenehm, weil ich es unhygienisch finde. Wenn ich meine Menstruation habe, kann ich auch Sexualität haben. Es stört mich nicht, während meiner Tage mit meinem Mann zu schlafen. Wichtig ist nur, daß ich wirklich Lust dazu habe. Denn es ist kein besonders angenehmes Gefühl, mit ihm zu schlafen, wenn ich weiß, daß ich blute. Für Männer ist das alles ja ganz anders. Wenn die Lust haben, vergessen sie oft das Drumherum.

Als ich in der Modefachschule war, mit etwa 18 Jahren, habe ich erst angefangen, mich als Frau zu fühlen. Zwar hatte ich schon mit 13 Jahren meine erste Ausbildung zur Schneiderin begonnen, aber mit knapp 18 war ich dann erst fertig. Ich glaube, ich war 17, als ich das erste Mal mit einem Mann geschlafen habe. Mein damaliger Freund besorgte mir die Pille. Ich war gar nicht beim Frauenarzt gewesen. Meine Freundinnen und ich haben einfach die Pille genommen, das war modern. Die Antibabypillen waren ganz schöne Hormonbomben, sie waren längst noch nicht so fein dosiert wie heute. Gedanken haben wir uns darüber nicht gemacht, wir waren froh, daß wir nicht schwanger wurden.

Im Alter von 34 und 38 Jahren hatte ich jeweils einen Schwangerschaftsabbruch. Mein Frauenarzt riet mir, endlich etwas Konkreteres für meine Empfängnisverhütung zu tun. Die Abbrüche waren eine klare Sache für mich, ich wollte nie Kinder haben. Mutter wollte ich nicht werden. In meinem Leben stand immer der Beruf im Mittelpunkt. Ich habe es dann längere Zeit mit anderen Verhütungsmethoden probiert, habe z. B. Fieber gemessen usw. Aber das war mir alles sehr lästig. Mit 39 Jahren faßte ich den Entschluß, mich sterilisieren zu lassen. Ich hatte damals eine Zyste am Eierstock, und mein Gynäkologe machte den Vorschlag, die Zyste zu entfernen und gleichzeitig die Sterilisation durchzuführen. Mir war das ganz recht so; bei dem Eingriff sind beide Eileiter durchtrennt worden. Heute komme ich gut damit zurecht.

Manchmal habe ich den Eindruck, daß vielleicht die relativ früh einsetzenden Unregelmäßigkeiten in meinem Zyklus, ungefähr ein Jahr nach der Sterilisierung, etwas damit zu tun haben könnten. Ich höre das auch manchmal von anderen Frauen. Schließlich ist so ein Eingriff nichts Natürliches, vielleicht reagiert der Körper so darauf. Trotz aller Zweifel würde ich mich aber jederzeit wieder sterilisieren lassen.

Heute bin ich nun richtig in den Wechseljahren. Meine Periode ist in letzter Zeit sehr unregelmäßig. Ich habe sie seit vier Monaten gar nicht mehr gehabt. Statt dessen leide ich unter Hitzewallungen, Schweißausbrüchen und auch depressiven Verstimmungen. Das gefällt mir nicht.

Mein Gynäkologe sieht die Ursache für meine Probleme in meinen Konflikten im Beruf. Er hat mir deshalb auch Medikamente verschrieben. Ich habe die Mittel genommen, davon ging es mir aber auch nicht besser. Ich denke, mein Körper muß allein mit diesen Entwicklungen und Veränderungen fertig werden. Von den Medikamenten jedenfalls bekam ich Migräne, das war dann auch nicht gut. Mein Frauenarzt bezweifelte immer, daß meine Migräneanfälle etwas mit den Medikamenten zu tun haben könnten. Mir ist es letztlich egal, was wodurch ausgelöst wird, meine Entscheidung gegen die Einnahme von beruhigenden oder stimmungsaufhellenden Tabletten in diesen Zeiten der Verstimmung steht fest.

Mit dem Zustand, keine Periode zu haben, komme ich gut klar. Hormone würde ich nicht nehmen, das kann ich mir nicht vorstellen, denn ich möchte meinen Körper nicht künstlich beeinflussen. Ich habe nur ein bißchen Angst vor dem Knochenabbau, aber dagegen kann man mit Sport und Ernährung etwas tun. Wenn jetzt meine Periode ganz vorbei ist, geht es mir sicher gut.

Wenn ich mit anderen Frauen spreche, dann sehe ich, daß die Wechseljahre bei mir besonders früh begonnen haben. Schließlich hatte ich schon mit 40 die ersten Symptome. Ich bin mir nicht so sicher, was genau die Ursachen meiner aktuellen Beschwerden sind. Ich schließe nicht aus, daß sie auch psychisch bedingt sein können. Schließlich hatte ich in den letzten Jahren wirklich massive Probleme in meinem Beruf. Ich hatte mir, nach einer anstrengenden zweiten Ausbildung zur Krankengymnastin und Masseurin, eine gutgehende Praxis aufgebaut, die wegen der Veränderungen im Gesundheitssystem jetzt ganz schlecht läuft. Das bedeutet, daß ich nun, das dritte Mal in meinem Leben, beruflich wieder neu anfangen muß. Möglicherweise haben meine Beschwerden auch damit etwas zu tun.

»Ich habe gedacht, ich müßte sterben«

Ingrid, 53 Jahre, Sekretärin

Ich habe meine Tage sehr zeitig bekommen. Mit zwölf. Ich weiß noch, ich bin damals auf allen vieren von der Schule nach Hause gekrochen. Ich bin bald wahnsinnig geworden vor Schmerzen. Ich wußte doch nicht, was das war. Und als ich zu Hause zur Toilette gegangen bin und die dunkelbraunen Streifen in der Unterhose sah, dachte ich, ich müßte sterben. Ich bin dann ins Bett gegangen, weil ich glaubte, innen in mir sei was kaputtgegangen.

Ich habe furchtbar geweint, aber meine Mutter hat das ignoriert. Sie war sehr kühl. Zufällig kam meine Oma an dem Tag, das war so der Wärmestrahl in unserer Familie, und die ist sofort zu mir gekommen. Ich habe ihr erzählt, was los war, und sie hat gesagt: »Ach Mädchen, das ist nicht schlimm, das kriegen alle Frauen.« Sie hat mich in den Arm genommen und aufgeklärt. Das war sehr beruhigend für mich. Sie erzählte dann noch, daß man sich früher die Binden selbst gestrickt und in die Unterhosen gestopft hat und daß sie bei den Herrschaften, bei denen sie Hausangestellte war, immer die blutigen Binden von der gnädigen Frau waschen mußte.

In meiner Zeit gab es schon Binden, doch die waren nicht so weich wie die heute. Ich weiß noch, daß ich oft wund gescheuert war. Ja, und dann kam die Menstruation sehr unregelmäßig. Mal nach einem halben Jahr, mal alle drei Monate, manchmal auch schon nach fünf Wochen.

Mein Leben lang kam sie unregelmäßig und in riesigen Abständen. Und da es damals die Pille nicht gab, habe ich oft Blut und Wasser geschwitzt vor Angst, ich könnte vielleicht schwanger sein. Ich hatte eine ganz schwierige Beziehung zu einem Mann, der auf keinen Fall Kinder wollte. Na ja, und dann war ich eines Tages doch schwanger. Das war schlimm. Aber irgendwann hat er zugestimmt, und wir haben sogar geheiratet.

Ich bekam dann noch zwei Kinder, und danach war die Periode regelmäßig. Auch waren die Schmerzen nicht mehr so schlimm und die Blutung nicht so stark. Davor war das eine einzige Katastrophe. Ich hatte unerträgliche Unterleibsschmerzen, mußte mehrere

Schmerztabletten nehmen, und manchmal konnte ich nicht mal zur Arbeit gehen. Ich blutete dermaßen, daß ich mehrere Binden in die Unterhose legen mußte. Und zum Arzt ging man damals noch nicht deswegen.
Vielleicht ist das dann auch wegen meiner Sterilisation besser geworden. Ich hatte beim zweiten Kind eine sehr schwere Geburt, und da hat der Arzt gesagt, eine dritte Schwangerschaft sei nicht ratsam. Aber ich wurde noch mal schwanger, und da Abtreibung nicht in Frage kam für mich, habe ich mich dann nach dem dritten Kind für die Sterilisation entschieden. Das war ein Theater! Mein Mann mußte seine Erlaubnis erteilen, und das Gesundheitsamt mußte zustimmen. Doch mein Arzt war sehr einfühlsam und vertrauenerweckend. Der hat dann alles für mich gemanagt nach der dritten Geburt.
Ich empfand die Sterilisation nicht als Einschnitt oder Belastung. Ich hatte ja nun drei Kinder, und mehr wollte ich nicht.
Wie der weibliche Zyklus genau funktioniert, wußte ich weder damals, noch weiß ich das heute. Ich weiß nur, daß die Empfängnismöglichkeit in der Mitte des Zyklus liegt und daß das in der Gebärmutter angestaute Blut abgestoßen wird. Es ist wie ein Nest, so stelle ich mir das vor. Aber das ist ja jetzt nicht mehr wichtig zu wissen, zumal ich schon in den Wechseljahren bin.
Als ich 48, 49 Jahre alt war, wurde die Blutung unregelmäßig, und da dachte ich: »So, jetzt fangen die Wechseljahre an.« Mit 50 habe ich die Periode dann sechs Monate lang gar nicht gehabt. Und ich hoffte, daß nun alles damit erledigt war. Andere Symptome hatte ich nicht. Kein Schwitzen, gar nichts. D. h. doch. Ich habe unter ganz starken Depressionen gelitten. Aber vielleicht hatte das auch damit zu tun, daß ich nicht mehr glücklich war in meiner Ehe. Vielleicht war es auch beides. Ich weiß es nicht mehr genau. Ich habe damals immer gedacht: »Warum lebst du eigentlich noch? Wenn du jetzt tot wärst, wär doch alles viel schöner.« Solche Gedanken hatte ich damals oft.
Und dann habe ich mich in einen neuen Mann verliebt, und sofort kam meine Blutung wieder regelmäßig. Ich bin zum Arzt gegangen, habe ihm alles erzählt, auch das mit meiner Verliebtheit. Das war mir furchtbar peinlich, ich bin doch eine verheiratete Frau und mein

Leben lang treu gewesen. Aber er hat mich beruhigt und gesagt, daß ich nicht die einzige sei, der so etwas passiert, und daß ich es genießen sollte. Er erklärte mir dann, daß mein Körper mit einer Überproduktion an Hormonen auf dieses neue Gefühl reagiere, und er gab mir ein Mittel, damit die Blutung sich wieder einpendelte. Danach dann war sie regelmäßig.
Mit 51 begann ich, weil die Periode unregelmäßig wurde, mit der Einnahme von Hormonen, was zunächst half. Doch dann wurde die Menstruation wieder unregelmäßig, und der Arzt empfahl mir, die Hormone wegzulassen, um zu sehen, was passieren würde. Da war dann zwar die Regel weg, aber ich bekam Schwindelanfälle; das waren fast Ohnmachtsanfälle. So wurden mir dann wieder Hormone verschrieben, und damit kann ich gut leben. Warum soll ich darauf verzichten?
Jetzt sind die Tabletten so eingestellt, daß ich keine Blutung mehr bekomme, und das genieße ich mittlerweile. Ich fühle mich wohl, habe keine weiteren Symptome. Man sagt ja, daß man mit Hormonen auch belastbarer ist. Ich habe gehört, man soll diese Mittel bis ins hohe Alter nehmen, und wenn das so ist, dann mache ich das auch. Warum soll ich es mir schwermachen, wenn es durch die Hormone leichter geht?

»Meine Wechseljahre dauern jetzt 17 Jahre an, irgendwann muß es ja mal vorbei sein«

Heidrun, 64 Jahre, Hausfrau

Mit 13 habe ich meine Tage bekommen, und ich muß sagen, es war ganz schrecklich. Meine Mutter ist streng katholisch, und solche Themen waren bei uns nicht aktuell. Also war ich nicht aufgeklärt, auch nicht von der Schule her. Ja, und als ich dann das Blut in meiner Hose entdeckte, habe ich furchtbar geweint und gesagt: »Mutti, Mutti, was habe ich denn bloß, ich blute ja.«
Ich vergesse das nie. Sie hat mir bloß einen alten Lappen in die Toilette geschmissen und zwei Sicherheitsnadeln dazu. Die Tür aufge-

macht, das ins Badezimmer geschmissen, und das war's dann. Es war für mich ein sehr schlimmes Erlebnis, weil ich auch solche Schmerzen hatte, daß ich dachte, ich müßte sterben. Und es wurde auch nie darüber gesprochen.

Ich habe auch nie mit anderen darüber geredet. Ich wußte praktisch nichts, und in der Klasse wurde auch nicht darüber gesprochen. Es war ja Krieg, und wir hatten kaum Unterricht. Es war ein richtiges Tabu.

Daß das Blut wiederkommen würde, jeden Monat einmal, wußte ich auch nicht. Aber nach dem ersten Mal erinnerte ich mich daran, daß ich Jahre zuvor solche selbstgestrickten Lappen, wie ich sie von meiner Mutter bekommen hatte, auf der Leine gesehen habe und meine Mutter gefragt hatte, was das sei. Sie antwortete damals nur: »Das geht dich nichts an.«

Ich hab gegrübelt, was das wohl sein könnte. Damals kam ich nicht dahinter. Aber als ich sie dann benutzte, wußte ich es.

Ich wußte auch nicht, wie das mit dem Kinderkriegen ging. Na ja, und als ich dann meinen jetzigen Mann kennenlernte – damals war ich 18 – wurde ich prompt schwanger. Und ich habe es nicht gemerkt. Erst als meine Mutter fragte: »Kriegst du deinen Kram nicht?« dämmerte es mir.

Da ist sie dann mit mir zum Arzt gegangen – ich war ja schon im dritten Monat – und hat eine Abtreibung arrangiert. Sie hat weder mich noch meinen Mann gefragt, ob wir das Kind wollten. Sie hatte es so entschieden, obwohl sie so katholisch war, und ich mußte mit. Wir waren ja selber noch Kinder, mein Mann war 19, ich 18. Nicht so wie die Jugend heute ist.

Ich vergesse das nie. Ein Arzt gab mir eine Spritze, und danach sind wir zu einem anderen gefahren, und der hat es dann abgetrieben. Das Haus sehe ich noch heute vor mir und die Straße. Und mein Mann mußte monatlich 50 Mark an meine Mutter zahlen für das, was die Abtreibung gekostet hat. Mein Mann hat nie wieder mit ihr gesprochen, er hat ihr das nie verziehen.

Heute denke ich oft darüber nach, das Kind wäre jetzt 44. Es war eine einzige rigorose Anordnung. Kein Wort, kein Gespräch. Furchtbar. Das war alles so schlimm für mich, daß ich auch über solche Dinge nicht sprechen konnte. Vielleicht ist meine Tochter

deshalb auch so schweigsam in diesen Fragen. Gott sei Dank ist sie dann durch die Schule aufgeklärt worden. Sie ist heute 27.
Wir hatten und haben ein sehr liebevolles Verhältnis, auch körperlich, aber sie hat mir immer zu verstehen gegeben, daß sie darüber nicht sprechen will. Da hat sie mich nicht an sich herangelassen. Es war wie eine Sperre. Deshalb kann ich mich auch nicht daran erinnern, wann sie ihre Tage bekam, wie die Hygiene war, ob sie die Pille genommen hat. Nichts, all das war kein Thema bei uns. Leider.
Ich wollte ja auch lange keine Kinder, weil ich Angst hatte, ich würde so eine harte Mutter werden wie meine war. Und erst acht Jahre, nachdem wir geheiratet hatten, wurde ich dann schwanger. Und da habe ich mich dann doch sehr gefreut. Da war meine Periode auch sehr regelmäßig, so daß wir ausrechnen konnten, wann was passieren konnte. Ich hatte mir diese Dinge nach der ersten Schwangerschaft auch angeeignet, weil ich nicht wieder unwissend schwanger werden wollte wie beim ersten Mal.
Nur noch einmal war ich ungewollt schwanger, als ich in die Wechseljahre kam, mit 47. Damit habe ich, ehrlich gesagt, in dem Alter nicht mehr gerechnet. Und da sagte der Arzt: Das wollen sie doch wohl nicht austragen? Ich bereue, daß ich auf ihn gehört habe und mir eine Spritze geben ließ.
Heute bereue ich es sehr. Und ich denke oft, daß ich das Kind hätte behalten sollen. Es wäre jetzt 16. Und ich hätte gern mehr Kinder gehabt, denn nachdem das erste da war, war ich total glücklich. Wir wollten ja auch beide mehr Kinder, aber ich hatte danach zwei Fehlgeburten, und erst, als ich den Arzt wechselte, war klar, woran es gelegen hatte: Man hatte vergessen, mir eine Spritze gegen den Rhesusfaktor zu geben. Dann wurde ich behandelt, wurde wieder schwanger, und das zweite Kind blieb.
Ich bin sehr glücklich verheiratet, aber in einem Punkt ist mein Mann sehr eigen. Er ist ein großer Ästhet, und deshalb würde ich im Badezimmer auch nie Binden oder so etwas liegen lassen. Er schläft auch nicht mit mir, wenn ich meine Tage habe. Eingeschränkt fühlte ich mich dadurch nicht, auch grundsätzlich durch die Regel nicht. Die Hygieneartikel sind ja auch besser geworden. Tampons habe ich nicht mehr benutzt, nachdem ich es einmal ver-

sucht hatte und ihn zu entfernen vergaß. Das war vielleicht furchtbar. Zwei Wochen war der da drin. Das vergeß ich mein Lebtag nicht. Ich hatte gar nicht mehr daran gedacht, und irgendwann saß ich auf der Toilette, na ja, da kam er dann raus. Und da war klar: Nie wieder Tampons.

In die Wechseljahre kam ich mit Ende 40, und auch das war ziemlich schlimm, denn ich hatte extreme Depressionen bis hin zu Selbstmordgedanken. Ich war nur kaputt, morgens fühlte ich mich wie tot, nichts ging mehr. Und da hat mein Mann gesagt: »Das sind die Wechseljahre, ich habe darüber gelesen, da gibt es was dagegen. Geh zum Arzt.« Da bin ich dann zum Frauenarzt gegangen, und der hat mir Hormonspritzen gegeben, und die kriege ich jetzt noch. Es geht mir prima damit, ich sehe gut aus, zehn Jahre jünger.

Wenn die Wirkung der Spritze nachläßt, merke ich, ich baue auch ab, und dann lasse ich mir eine neue Spritze geben, und es geht mir wieder gut. Deshalb habe ich meine Blutung auch noch oft. Manchmal ist sie so schlimm, daß ich ausgeräumt werden muß, das habe ich schon ein paarmal praktiziert. Aber manchmal habe ich auch keine Blutung, vielleicht spielt sich das ja allmählich so ein.

Ich denke, daß ich vielleicht auch zu alt bin dafür, daß es noch regelmäßig blutet. Die Wechseljahre dauern jetzt 17 Jahre an, irgendwann muß es ja mal vorbei sein.

»Mädchen bekommen das, dafür müssen sich die Jungs rasieren«

Elsbeth, 74 Jahre, Hausfrau

Meine erste Menstruation war schrecklich. Ich wußte überhaupt nicht, was auf mich zukam. Ich habe gedacht, ich hätte mich verletzt. Ich war erst elf Jahre alt, das war 1930. Ich war noch ein Kind.

An dem Tag ging ich abends ins Bett und hatte in der Unterhose winzige Blutspritzer. Zuerst dachte ich also, daß ich mich vielleicht verletzt haben könnte, aber an dem Tag war nichts gewesen. Ich

holte dann meine Mama, die sich die Flecken ansah und nur sagte: »Ach du liebe Zeit.« Mit diesen Worten ging sie weg, brachte mir eine Strickbinde, die ich einlegen mußte.
Alles weitere überließ sie dann dem Papa, der mir alles erklären sollte. Aufklärung kann man das, was er mir sagte, wohl nicht nennen. Er sagte nur, daß junge Mädchen das bekämen. Es käme jetzt regelmäßig, vielleicht noch nicht sofort alle vier Wochen, aber auf jeden Fall käme es später dann regelmäßig. Mein Vater sagte mir auch, daß man sich deshalb nicht in die Nähe von jungen Männern begeben dürfe. Ich hatte die Vorstellung, daß ich ab jetzt mindestens drei Meter, möglichst aber zehn Meter Abstand zu den Jungs halten müsse. Es gab keine weitere Erklärung. Er sagte nur: »Die Mädchen bekommen das, dafür müssen sich die Jungs rasieren.«
Die Mutter meiner besten Freundin war Hebamme. Früher sind die Schwangeren noch nicht zum Gynäkologen, sondern zur Hebamme gegangen, in der Regel aber erst, wenn sie über die Hälfte der Schwangerschaft hinter sich hatten. Die Hebamme hat dann mit den schwangeren Frauen Gespräche geführt und sie untersucht. Meine Freundin saß oft dabei, unauffällig hinten im Eckchen, mit großen Ohren. Sie hat ganz genau zugehört, was da vor sich ging. Ihre Mutter glaubte, daß sie sich noch nicht dafür interessiere, weil sie noch so klein war. Aber das Gegenteil war der Fall, sie hat uns alle Informationen weitergegeben. Wir Mädchen saßen dann zusammen und trugen unser Mitgehörtes, Gelesenes und anderweitig Aufgeschnapptes zusammen. Viele Familien hatten damals ein sogenanntes Doktor-Buch, das war eine weitere Quelle, aus der wir unser Wissen erarbeiteten.
Auf diese Weise habe ich herausbekommen, daß es einen Zusammenhang gibt zwischen Kinderkriegen und Menstruation. Daß zum Schwangerwerden allerdings ein Geschlechtsakt gehört, das war mir über diese Informationen noch nicht klargeworden. Wir glaubten, daß vielleicht sogar schon ein Kuß ausreichen könnte, um ein Kind zu bekommen.
Dann kam ein paar Jahre später das Dritte Reich, und unter Hitler wurde Aufklärung betrieben. Es gab Kurse, z. B. Erste-Hilfe-Kurse und ähnliches, und dabei haben wir jungen Mädchen auch etwas darüber erfahren. Wir hatten einmal einen Kurs, der etwas damit zu

tun gehabt haben muß, denn am Schluß veranstalteten wir einen Kaffeeklatsch, und meine Freundin hatte eine Torte mit einem Zuckergußstorch als Verzierung dafür mitgebracht. Sicherlich ging es in diesem Kurs um unsere Aufklärung. Natürlich bekamen wir auch über unsere Kontakte zu älteren Frauen noch etwas darüber mit.

Ich erinnere mich daran, daß eine junge Frau mir einmal erzählt hat, sie sei zwar schwanger, sie habe aber noch nicht mit ihrem Mann eine ganze Nacht im Bett geschlafen, und trotzdem sei sie jetzt in anderen Umständen. Offenbar hatte sie die Vorstellung, Schwangerschaften entstünden nur, wenn man auch die ganze Nacht zusammenbleibt.

Ich war bereits 14 oder 15 Jahre alt, bis ich den Zusammenhang zwischen Periode, Geschlechtsverkehr, Schwangerschaft usw. einigermaßen verstanden hatte. Zumindest wußte ich, daß man von einem Kuß allein noch kein Kind bekommen kann.

In den ersten Jahren erlebte ich meine Menstruation nur als störend, empfand sie immer als Behinderung. Wenn einmal wieder ein Turnvereinstreffen oder ein Schulausflug oder eine Wanderung anstand, konnte ich nicht mitmachen, weil ich meine Periode hatte. Verstanden habe ich eigentlich nie, warum man dann nicht turnen oder schwimmen durfte. Es war einfach ohne Begründung verboten. Und ich bin heute ziemlich sicher, daß meine Eltern selbst nicht wußten, warum sie es verboten. Sie verboten es, weil es schon immer so war und weil man das eben so machte. Baden, turnen und sich »untenrum waschen« war strengstens verboten. Es war insgesamt eine schwere Belastung für mich.

Ich war in meiner Klasse die erste, die ihre Tage hatte. Als dann endlich ein Jahr vorbei war, hatte endlich das nächste Mädchen auch ihre Periode, und ich war nicht mehr die einzige. Das war gut für mich. In der Turnstunde vom Turnverein war es von Anfang an nicht so schlimm, denn die Mädchen dort waren ja zum Teil schon älter. Wenn eine gefehlt hat, hieß es, die hat Besuch. Ich erinnere mich noch, daß wir auch sagten, sie hat ihre Tante. Andere Begriffe gab es nicht.

Ich war oft ganz unglücklich. Ich hatte immer so viel Freude am Turnunterricht in der Schule, und freitags haben wir dort immer gebadet. Der Lehrer hat uns mit einem Wasserschlauch abgespritzt, und wir Kinder flüchteten in eine Ecke, weil das Wasser so kalt war. Aber trotzdem habe ich schöne Erinnerungen daran, es machte uns Spaß. Das ging nach meiner ersten Blutung alle vier Wochen nicht. Da wurde getuschelt: Warum turnt die denn jetzt nicht mit, warum badet sie nicht?

Ich durfte also nicht mitbaden, und während der Periode durfte ich nicht mein Hemd ausziehen. Ich mußte, solange die Menstruation dauerte, dieselbe Unterwäsche anlassen. Man durfte einfach keine frische Wäsche anziehen. Darüber war ich sehr, sehr unglücklich. Eine vernünftige Begründung dafür gab es nicht. Es war von Generation zu Generation so überliefert, und man hatte sich daran zu halten. Damals hat man ja das Unterhemd auch nachts nicht ausgezogen.

Die Binde war in der Hose befestigt. Ich trug einen Gürtel mit einer Lasche und einem Knopf jeweils vorn und hinten. Die gestrickte Binde wurde daran festgeknöpft. Die Strickbinden konnte man kaufen, es gab dicke und dünne, aber viele Frauen haben sie sich auch selbst gemacht: einfach ein gerades Stück gestrickt, mehrfach übereinandergeschlagen, zusammengenäht und hinten und vorne mit einem Knopfloch versehen. Auch die Gürtel gab es zu meiner Zeit schon zu kaufen. Erst viel später gab es ja auch die Hosen mit einer Schutzeinlage darin.

Auch Camelia-Binden gab es erst später, das war ja eine saubere Sache, kostete aber Geld. Das konnten wir uns nicht immer leisten. Doch wir waren ja nicht ganz so arm, so daß meine Mutter mir erlaubte, mir zu besonderen Anlässen, etwa zur Kirmes, Camelia zu kaufen. Die gebrauchten Binden hat man dann im Ofen verbrannt, es war alles ganz anders als heute.

Die Strickbinden wurden in der Waschküche in einem kleinen Eimerchen mit ein bißchen Waschpulver eingeweicht und danach gekocht. Noch heute sehe ich sie auf der Leine hängen. Ich erinnere mich an eine Szene, in der ein Großvater einem Kind aus der Nachbarschaft eine Strickbinde als Halstuch umgebunden hat. Das ist eine lustige Erinnerung aus dieser Zeit.

In der Schule hatte ich einmal zu früh die Binde weggelassen und deshalb dann einen großen Blutfleck im Rock. Die Buben sind hin-

ter mir her, und die Mädchen machten mich auf den Fleck aufmerksam. Ich schämte mich sehr und hielt mir den Atlas vor den Fleck.
An Beschwerden in den ersten Jahren kann ich mich nicht erinnern, die kamen erst später, etwa mit 17 oder 18 Jahren. Die Beschwerden hatte ich aber offenbar geerbt, denn meine Mutter und auch deren Mutter, also zwei Generationen vor mir, hatten vor der Geburt ihrer ersten Kinder immer Menstruationsbeschwerden, die später aufhörten. Ich bekam vom ersten Tag an meine Periode regelmäßig.
Früher trugen die Menschen übrigens offene Unterhosen. Sie trugen Hemden aus festem Tuch. Wenn Frauen ihre Periode hatten, haben sie die Hemden zwischen die Beine geklemmt. Ich erinnere mich, daß mein Vater von Zugfahrten erzählte, die er als Kind erlebt hatte. Oft fuhr er gemeinsam mit Marktfrauen, die, wenn sie den Zug verließen, große Blutflecke hinterließen. Er konnte sich diese Flecken nicht erklären. Damals war es offenbar normal, daß man das Blut einfach laufen ließ. Meine Großmütter und selbst meine Schwiegermutter trugen noch diese offenen Unterhosen.
Nach der Schulzeit habe ich meinen späteren Mann kennengelernt. Doch es kam der Krieg. Mein Brautkleid war vier Jahre lang fertig, bevor wir heiraten konnten. Eine Ferntrauung wollte ich nicht, obwohl das viele junge Frauen gemacht haben. Als ich das Kleid dann anziehen konnte, war es unmodern. Es gab einfach für die Soldaten keinen Urlaub mehr. Mein Verlobter war in Stalingrad, und er bekam drei Jahre lang keinen Urlaub. Ich lebte in der Zeit in dem Gefühl, daß er vielleicht nicht mehr kommen würde.
Schwangerschaftsverhütung bedeutete damals einerseits Achtgeben, andererseits gab es auch schon Präservative. Eigentlich erstaunlich, daß es die damals schon gab. Wir haben die Präservative auch benutzt, solange wir nicht verheiratet waren. So war das. Wir mußten sehr aufpassen, denn ein uneheliches Kind in der damaligen Zeit war wirklich etwas ganz Furchtbares. Es war eine große Schande. Und solange wir noch nicht verheiratet waren, war es klar, daß Empfängnisverhütung wichtig war. Geschlechtsverkehr ohne Verhütung, das war erst nach der Hochzeit möglich.
In der Familie meines Mannes waren Menstruationsbeschwerden völlig unbekannt. Sie verstanden alle nicht, wie man sich so anstellen konnte, sich während der Blutung ins Bett legen zu müssen. Die

Familie meines Mannes waren Bauersleute und arbeiteten schwer. Sie fanden mich dann zu empfindlich, und es haftete fast wie ein Makel an mir, weil ich Schmerzen während der Periode hatte. Es war gut, daß es wenigstens meine Mutter verstanden hat. Sie kannte es ja aus ihrer Jugend.
Nach zwei Jahren Ehe hatte ich den Eindruck, daß ich keine Kinder bekommen würde, und insgeheim war ich froh darüber, weil ich keine Kinder wollte. Ich habe meinen Mann dann immer angehalten, daß er aufpassen möge, aber als Frau war man da vollständig ausgeliefert, denn er wollte ja Kinder haben. Ich hatte keine Chance, es lag an ihm. Wenn er achtgegeben hat, ist es gutgegangen, und wenn nicht, dann eben nicht.
Nachdem wir ein Jahr verheiratet waren, kam mein Schwiegervater zu Besuch. Er war katholisch, und ich habe den Besuch so erlebt, daß er nach dem Rechten sehen wollte, um festzustellen, warum wir denn noch keine Kinder hatten.
Kurz bevor ich das erste Mal schwanger geworden bin, waren wir an einem Sonntag mit einem Ehepaar spazierengegangen. Mein Mann hatte mir kurz zuvor eine neue Handtasche geschenkt und sich den Bekannten gegenüber als charmanter Ehemann gezeigt. Er hat mit dem Geschenk ein bißchen angegeben und gesagt, daß man mit solchen Geschenken die Frauen an sich binden könne. Unser Bekannter antwortete darauf, daß er ganz einfach »seiner Frau ein Kind gemacht habe«, das sei ja schließlich die beste Bindung.
Bald darauf bin ich dann auch schwanger geworden. Später habe ich oft an diese Szene denken müssen, habe mich gefragt, ob meine Schwangerschaft etwas damit zu tun haben könnte. Mit der ersten Schwangerschaft war es dann vorbei mit meinen Träumen von einem bequemen, schönen Leben.
Meine Periode war immer sehr regelmäßig gewesen. Wenn sie einmal nicht kam, war ich schwanger. Ich war in meinem Leben viermal schwanger, und keine Schwangerschaft war gewollt.
Meine Schwangerschaften waren furchtbar. Ich konnte nichts essen, mir war immer übel, und ich fühlte mich schlecht. Meine Stimmung war immer auf dem Nullpunkt. Das Leben wurde mir schwer. Und die Geburt: Ich habe die Geburt meiner ersten Tochter zu Hause begonnen, aber es ging und ging nicht vorwärts. Wir hatten eine

schlechte Hebamme, die offenbar keine Ahnung hatte. Die ersten Wehen kamen am Freitag und dauerten bis zum Sonntag. Es war grauenhaft. Alle standen immer um mein Bett herum: die Hebamme, die Schwester, meine Mutter, mein Mann und auch mein Vater. Aber dann in der Nacht von Sonntag auf Montag hat mein Vater gesagt: »So geht das nicht, jetzt holen wir den Arzt.«
Der Hausarzt konnte aber auch nichts machen und wollte sich ja auch keine drei Stunden an mein Bett setzen. Kurzerhand nahm er mich dann in seinem Auto mit und lieferte mich im Krankenhaus ab. Der Arzt gab mir noch eine Spritze, und sprach mit der Hebamme ab, daß sie am nächsten Morgen um sechs Uhr mit mir anfangen sollte. Ich hatte die ganze Zeit Wehen, vier Tage Wehen. Ich war mit meinen Nerven völlig am Ende und mußte bei jeder Wehe weinen. Die Hebamme tröstete mich nicht, im Gegenteil, sie sagte: »Stell dich nicht so an, es hat dir ja auch Spaß gemacht, als ihr das gemacht habt.«
Die Hebamme stellte fest, daß ich keine Druckwehen hatte. Sie diagnostizierte eine angeborene Wehenschwäche. Und in der Tat, ich hatte bei keiner meiner Geburten Druckwehen. Als klar war, daß es wirklich nicht vorwärtsging, holte sie zwei andere Schwestern, die dann Druck auf meinen Bauch ausübten. Eine der Schwestern hatte wohl Mitleid mit mir und bot immer wieder an, den Arzt zu holen. Die Hebamme ließ es nicht zu und wollte es partout allein schaffen. Auf diese Weise brachte ich meine erste Tochter zur Welt. Danach war ich so am Ende, daß ich wochenlang bei jedem Dreck weinen mußte. Ich kann das gar nicht ausdrücken, wie schrecklich das war.
Die zweite Schwangerschaft endete mitten in der Spargelernte. Ich war auf dem Feld und bekam schreckliche Blutungen. Der Hausarzt hatte keine Lust zu kommen, und so mußte ich ins Krankenhaus. Dort stellten sie fest, daß meine Frucht schon länger abgegangen, aber die Nachgeburt weiterhin gewachsen war. Sie machten dann eine Ausschabung. Als ich wieder aufwachte, sah ich als erstes meine kohlrabenschwarzen Füße, denn ich war ja direkt vom Feld ins Krankenhaus gegangen und hatte mir nicht einmal die Füße waschen können. Was mögen die nur damals von mir gedacht haben.
Sechs Jahre später ist dann mein Sohn geboren worden. Diese Ge-

burt wurde von einer sehr freundlichen Hebamme begleitet. Sie war eine gute Frau. Zwischen den Wehen rieb sie mir den Rücken und sprach mir gut zu. Man wußte das damals noch nicht, daß man sich durch bestimmte Atemtechniken Linderung verschaffen kann. Bei der dritten Geburt, lange Jahre später, hatte ich dann eine Hebamme im Krankenhaus, die mir diese Atemtechnik beibrachte. Wenn sie neben mir stand und mich anleitete, in der Wehe richtig zu atmen, tat das gar nicht so weh.
Die ganzen Jahre war mein Monatszyklus regelmäßig. Ich hatte damit nie Probleme. Wann allerdings genau die fruchtbaren Tage der Frau waren, das wußte ich nicht. Und ich habe auch nie mit meinem Mann über Verhütung gesprochen. Wir haben uns nie über Familienplanung unterhalten. Und nachdem ich dann zwei Kinder hatte, war ich auch gar nicht mehr erpicht darauf, mit meinem Mann zu schlafen. Heute denke ich, daß ich nie richtig Lust dazu hatte.
So wie man heute darüber spricht und denkt, war es zu unserer Zeit nicht, und ich kann es mir für mich auch überhaupt nicht vorstellen. Mein Mann war in seinem Beruf, er war bei der Mordkommission, immer sehr angespannt, so daß sich bei uns auch nicht soviel abgespielt hat. Er hat oft von seinen Mordfällen geträumt nachts. In unserer Ehe war Sexualität nicht besonders wichtig. Sexualität war zu unserer Zeit immer auch verknüpft mit Kinderkriegen und Belastungen.
Doch obwohl sich ja zwischen uns nicht besonders viel abspielte, passierte dann die Sache mit meiner dritten bzw. vierten Schwangerschaft noch sehr spät, als ich schon 46 Jahre alt war. Mein Mann hatte immer aufgepaßt, einmal aber nicht. Ich glaube, er hatte sich mit einem Kollegen darüber verständigt, daß in unserem Alter sowieso nichts mehr passieren könne. Ich weiß es noch, ich habe einen ziemlichen Schreck bekommen, aber er sagte nur: »In unserem Alter passiert doch sowieso nichts mehr.«
Ich wußte über lange Zeit überhaupt nicht, daß ich schwanger war. Ich hatte zwar zugenommen, so viel, daß es meiner Mutter aufgefallen war. Mit zunehmendem Alter werden Frauen eben dicker, hatte ich mir jedoch gedacht. An Schwangerschaft dachte ich nicht, denn meine Periode kam ja ganz regelmäßig. Ich ging dann zum Arzt, klagte über Übelkeit und verglich es mit meinen Schwangerschaf-

ten. »Ich fühle mich so, als wäre ich schwanger.« Dem Arzt erschien das wohl absurd, und er fragte mich ganz im Ernst: »Wo soll denn das jetzt noch herkommen?« Nach vier Wochen wollte er dann einen Test machen. Und siehe da, ich war tatsächlich schwanger. Der Arzt freute sich, und ich fühlte mich, als hätte er mir einen Eimer Wasser über den Kopf gegossen.

In meiner Verzweiflung fragte ich ihn, was wir denn jetzt tun könnten. Eine Abtreibung, so war die Meinung des Arztes, ließ schon der Beruf meines Mannes nicht zu. Schließlich war mein Mann bei der Kriminalpolizei. Damals wurde man für Abtreibungen noch hart bestraft. Ich erinnere mich an eine andere Frau, die im gleichen Jahr einen Sohn zur Welt brachte, ihr viertes Kind. Sie war bis in die Schweiz gefahren, um die Schwangerschaft abzubrechen. Es war ihr nicht gelungen. Das war im Jahr 1966.

In der Folgezeit hatte ich dann große Angst, daß mein Kind behindert zur Welt kommen würde. Ich ging nach dem Arztbesuch nach Hause und sagte niemandem etwas. Ich mußte erst einmal selbst damit fertig werden. Ich wollte mich auch nicht versündigen, hatte Angst, daß dem Kind etwas passieren würde.

Als Kind und als junge Frau war meine Menstruation schrecklich für mich, aber dann später, als es im Alter von 46 Jahren so aussah, als käme ich in die Wechseljahre, da wollte ich meine Regel dringend behalten. Zu der Zeit hatte ich gerade mein drittes Kind bekommen, ein »Wechseljahrsunfall« sozusagen. Damals dachte ich, jetzt hast du noch so ein kleines Kind und sollst keine Periode mehr haben. Das wollte ich nicht.

Mit meiner Mutter konnte ich mich erst im Erwachsenenalter über diese Dinge unterhalten, auch über Geschlechtsverkehr. Sie hatte selbst auch nicht viel Interesse daran. Mit ihr konnte ich besser darüber sprechen als mit meinem Mann. Heute spreche ich über diese Angelegenheiten mit meiner ältesten Tochter, die sich manchmal bei mir über ihren Mann beklagt. Ich habe den Eindruck, daß sie heute ähnliche Probleme hat wie ich früher. Sie klagt über ihren Mann, der den ganzen Tag unfreundlich sei, aber abends dann im Bett doch noch etwas von ihr wolle. So war das bei mir ja auch.

Als meine Menstruation dann ausblieb, gab es einen älteren Hausarzt, den ich gefragt habe, ob denn jetzt meine Periode ganz aufge-

hört habe. Ohne eine Untersuchung zu machen, diagnostizierte er eine »ein bißchen erschöpfte Gebärmutter« und gab mir ein Medikament dafür. Der Hausarzt verschrieb mir dann in den folgenden Jahren dieses Medikament, das ich im wöchentlichen Wechsel einnahm. Ich weiß nicht, was das für ein Mittel war, ob es Hormone waren oder sonst irgend etwas. Ich nahm es immer regelmäßig ein und bin damit ganz toll über meine Wechseljahre gekommen. Ich hatte keine Probleme mit der Figur oder mit Depressionen während der Wechseljahrsprozesse. Als ich dann aber so 56, 57 Jahre alt war, habe ich die Tabletten auf Anraten meines Apothekers abgesetzt. Er riet mir, doch jetzt auf diese viele »Chemie« besser zu verzichten. Das machte ich dann einfach, und damit war es vorbei.
Als ich dann aufgehört hatte, war es auch in Ordnung. Schrecklich wäre mir das Ausbleiben der Periode nur gewesen, als meine kleinste Tochter noch ein Kind war. Ich finde, wenn eine Frau noch kleine Kinder hat, sollte sie auch noch ihre Menstruation haben. Ich kann Frauen heute nicht verstehen, die froh sind, wenn ihre Menstruation vorbei ist, so wie meine älteste Tochter heute. Sie ist erleichtert, wenn sie es hinter sich hat. Das kann ich nicht verstehen. In meiner Generation ist das anders.

»Ich bin froh, daß ich das los bin«

Dorothea, 59 Jahre, Bibliothekarin

Mit 46, also vor 13 Jahren, hörte es plötzlich auf. Genommen habe ich nichts, um das zu verlängern, ich war ja froh, daß es vorbei war. Im Grunde war es von einem Tag auf den anderen, es gab noch ein paar Tropfen, und dann war es weg. Ich bin zum Arzt gegangen und hab ihm das erzählt, und er meinte, ich könnte ja Hormontabletten nehmen, aber das wollte ich nicht.
Verwundert war ich im Prinzip nicht, ich habe gedacht, na ja, du hast sie früh gekriegt – ich war damals 13 –, und nun hört es eben auch früh auf. Das einzige, was mich irritiert hat, war, daß das Ende der Periodenzeiten exakt mit der Beendigung einer Beziehung zu-

sammenfiel. Ich sehe da eine Verbindung, weil ich schon mal im Zusammenhang mit einem Mann da Störungen hatte: Als die Beziehung damals schwierig war, hatte ich nur ganz unregelmäßig meine Tage. Und als ich danach wieder jemanden kennenlernte, da war dann alles wieder in Ordnung.

Deshalb bringe ich das Ende meines Zyklus damit auch in einen Zusammenhang. Mit meiner Ehe hatte das nichts zu tun, da hatte sich eigentlich alles eingependelt, auch wenn ich nicht glücklich war. Ich war ja in der Ehe nicht so sehr gefühlsmäßig engagiert, deshalb hat sich das wahrscheinlich auch auf meinen Unterleib nicht so ausgewirkt.

Außer Hitzewallungen manchmal hatte ich keine weiteren Symptome. So gesehen, hatte ich Glück im Vergleich damit, wie es anderen Frauen ergeht. Und die Hitzewallungen waren für mich auch nicht so schlimm, ich kannte das ja vom Rotwerden. Ich bin jemand, die ganz schnell rot wird vor Scham, und da hat man ja auch so ein Hitzegefühl. Außerdem ist das auch wetterabhängig: Im Sommer, wenn es sowieso warm ist, merkt man das nicht so, im Winter ist es natürlich anders, da sind die Temperaturunterschiede des Körpers auch anders zu spüren.

Ich habe allerdings in dieser Zeit auch oft das Gefühl von Verfolgung gehabt. Ich zog mich von sehr vielen Leuten zurück, weil ich nicht sicher war, wem ich eigentlich vertrauen konnte. Wenn man jünger ist, ist man vielleicht nicht so mißtrauisch. Natürlich weiß ich nicht, ob das nun wirklich mit den Wechseljahren zusammenhing, aber man ist in der Zeit vielleicht auch etwas mehr geschwächt, so daß man sensibler ist und dann so was auch übertreibt. D. h., daß Ängste nicht ausgelöst, aber verstärkt werden durch körperliche Schwächen.

Ich bin in dieser Zeit wohl durch was durchgegangen, und danach war dann eben alles anders. Ich hatte innerlich mit der Ehe abgeschlossen, die Kinder waren groß, ich hatte Beziehungen zu Männern außerhalb der Ehe, bei denen ich mir auch große Gefühle leistete. Vorher wußte ich ja gar nicht, wie man damit umgeht, und zwischen Ende 30 und den Wechseljahren habe ich das dann erlebt.

Vielleicht gab es in dieser Zeit schon eine Anbahnung zu den Wechseljahren hin; es steigerte sich mit diesen großen Gefühlen alles noch mal, und dann war eben Schluß. Mit den Gefühlen und mit dem Zyklus. Ich sehe da durchaus eine Wechselwirkung. Wie das nun genau miteinander zusammenhängt, weiß ich natürlich nicht. Aber daß sich diese Dinge gegenseitig beeinflussen, daran glaube ich schon.

Insgesamt hielt dieser Veränderungsprozeß so ungefähr drei Jahre an, ab 50, glaube ich, und seitdem führe ich wieder ein normales Alltagsleben mit Kontakten zu Leuten, meiner Arbeit, meiner Freizeit.

In die Zeit fiel ja auch meine Scheidung. Es waren sehr umwälzende Erfahrungen, die jetzt aber abgeschlossen sind. Seitdem habe ich auch keine Kontakte mehr mit Männern, also keine Liebesbeziehungen, aber ich habe mich damit abgefunden, daß ich alleine lebe, ich kann es bejahen.

Ich habe auch nicht getrauert darüber, daß nun meine Fruchtbarkeit zu Ende war, weil ich mit Anfang 30 sterilisiert wurde. Die Geburt meines zweiten Kindes war sehr schwierig, und sofort danach war ich wieder schwanger. Der Arzt wollte damals eine Abtreibung nur durchführen, wenn ich mich auch sterilisieren ließe, er sagte: »Sonst stehen sie in einem Jahr wieder vor meiner Tür.« Und wahrscheinlich hatte er recht. Ich war ja extrem schnell wieder schwanger geworden, und das in einer Zeit, in der eigentlich nichts hätte passieren können.

Also eigentlich war da schon der Abschied, aber auch da habe ich nicht getrauert, weil ich froh war, keine Angst mehr vor Schwangerschaften haben zu müssen. Das ist ja ein Alptraum, daran erinnere ich mich noch; auch daran, wie es anfing.

Ich weiß noch, ich war 13, und ich wußte von all dem noch nichts. Irgendwo hatte ich, glaube ich, diese selbstgestrickten Binden rumliegen sehen, von meiner Mutter oder meiner Großtante. Und als ich dann meine Tage bekam, da erinnerte ich mich an die Dinger. Ich habe die aber nicht mehr benutzt, weil gerade diese neuen Binden auf den Markt kamen. Die waren ja damals extrem unbequem – mit den Gürteln, an denen man die befestigen mußte –, da klebte dann alles. Furchtbar.

Ich weiß noch genau, als ich auf die Toilette ging, da waren Tropfen in der Hose, und ich konnte mir das nicht erklären. Ich habe dann meine Hose gewechselt, aber als ich dann wieder auf die Toilette ging, da war das wieder so. Ich habe erst mal einen Schreck gekriegt, und ich wagte es nicht, meiner Mutter etwas zu sagen, weil ich ja sozusagen dreckig war. Aber ich habe es ihr dann doch gesagt, und sie hat eigentlich ganz gut reagiert. Sie sagte: »Ja, das kommt jetzt regelmäßig, einmal im Monat, der Körper reinigt sich damit.« Das fand ich eigentlich ganz beruhigend. Aufgeklärt in dem Sinne, daß sie mir den Zyklus erklärt hätte und auch den Zusammenhang mit Empfängnisbereitschaft, hat sie mich nicht. Aber ich hätte es wahrscheinlich auch nicht verstanden, weil ich in dieser Zeit extrem kindlich war.

Wir wohnten in einer Art Großfamilie, mit Onkels und Tanten, und es war ein großer Hof, ein Kommen und Gehen. Und ich erinnere mich, daß die Frauen sagten, daß man in dieser Zeit nicht baden solle. Nicht in der Badewanne und auch nicht im See, weil man sich da eventuell mit Bakterien anstecken könne. Na ja, und turnen sollte man auch nicht. Ich weiß noch, als ich es noch nicht hatte, da saßen die Mädchen und turnten nicht mit. Und wenn ich gefragt habe, warum turnt ihr nicht mit, dann sagten sie: »Wir sind unpäßlich, wir können nicht.« Verstanden habe ich das erst, als ich selbst meine Tage hatte und nicht mitgeturnt habe.

Genau kann ich mich an das alles natürlich nicht mehr erinnern, das ist ja schon 46 Jahre her. Und mir fällt manches auch jetzt erst ein, durch die Fragen.

Aufgeklärt also wurde ich nicht, d. h., irgendwann kam meine Mutter mit einer Tante, und dann haben sie irgendwie rumgedruckst und gesagt, die Jungen haben ein Stäbchen, und es ist wie eine Befruchtung. Das Stäbchen befruchtet die Frau wie eine Blume. Aber ich habe das nicht in Zusammenhang mit dem Kinderkriegen gebracht. Und irgendwie war ich auch nicht so interessiert; andere lasen Bücher darüber, ich nicht.

Aber als ich dann meinen ersten Freund hatte, wußte ich, daß man aufpassen muß, wenn man keine Kinder will. Ich war ja auch schon 23, als ich entjungfert wurde. Ich hatte vorher meine Freundinnen und Freunde, aber eben noch keine Sexualität, weil ja im Hintergrund auch noch die Erziehung steckte: Man schläft mit einem

Mann erst, wenn man heiraten will. Ich weiß noch, als es passierte, war es eine bewußte Entscheidung, nach dem Motto: So, jetzt muß es mal sein. Aber es war immer von Angst begleitet, deshalb habe ich auch selten gewollt.

Verhütet habe ich also mit Vermeidung. Ich war extrem vorsichtig, nur direkt vor der Periode und direkt danach. Damals wußte ich noch nicht, daß danach auch was passieren kann, selbst wenn man den Eisprung noch weit entfernt glaubt. So ist ja auch mein erstes Kind entstanden. In einem Zeitraum, den ich sicher glaubte, der aber eben nicht sicher ist.

Aber da ich ein Redemensch bin, habe ich auch nicht darunter gelitten, wenn ich wenig mit einem Mann schlief. Mein Mann sah das anders, aber ich habe es nur gemacht, wenn ich es selbst wollte.

Eigentlich war mir meine Freiheit wichtiger. Doch mein Mann wollte mich unbedingt, und als ich dann schwanger war, war für mich klar, gut, dann kriege ich das Kind und wir heiraten. Seine Familie wollte das nicht. Die wollte, daß ich abtreibe, und schickte mich zu Pro familia. Und ich bin dankbar, daß die mich wieder weggeschickt haben, weil sie gemerkt haben, daß ich das Kind wollte und der Druck von anderer Seite kam.

Ich habe das nie bereut, und das zweite Kind ist ja auch sehr bewußt entstanden, nach vier Jahren schon, auch wenn die Ehe nicht so toll war. Aber mit meinen Kindern, das war alles richtig entschieden.

Beeinträchtigt haben mich meine Tage eigentlich nie. Ich hatte auch keine Schmerzen. Es zog nur ein bißchen. Also ich habe es akzeptiert, daß es sie gibt, es war normal, aber besonders toll fand ich es nie. Das einzige, was daran toll war: Ich mußte nicht mit meinem Mann schlafen.

Jetzt bin ich natürlich froh, daß das alles vorbei ist, auch das mit der Blutung, und mir fällt jetzt ein, daß ich jahrelang nicht Fahrrad gefahren bin, obwohl ich das früher so gern machte. Ja, und seit es vorbei ist, fahre ich wieder regelmäßig.

An eine Sache übrigens erinnere ich mich, die war ganz schrecklich, eine Art Alptraum, wovor, glaube ich, jede Frau Angst hat. Ich bekam einmal meine Tage völlig unerwartet. In einem Café. Ich merkte es aber erst, als ich zu Hause war. Alles war blutig, durch den Mantel durch. Da wußte ich, daß ich auf dem Sessel im Cafe sicher auch Flecken hinterlassen hatte. Furchtbar. Mir wird jetzt noch ganz schlecht, wenn ich daran denke. Ist doch klar, daß man froh ist, daß es vorbei ist, vor allem, wenn man so was erlebt hat.

Literatur

Menstruation

Blume, Angelika: Das prämenstruelle Syndrom. Krankheit oder Chance, Reinbek bei Hamburg 1987.

Blume, Angelika / Schneider, Sylvia: Die Regel. Eine herbeigeredete Krankheit, München / Hamburg 1984.

Corazza, Verena / Ernst, Andrea: In der Regel, Köln 1987.

Feministisches Frauengesundheitszentrum (Hg.): Clio Nr. 26, Weibliche Rhythmen. Eine periodische Zeitschrift zur Selbsthilfe, Berlin 1987.

Fischer-Homberger, Esther: Krankheit Frau, Frankfurt am Main 1984.

Flaake, Karin / King, Vera (Hg.): Weibliche Adoleszenz. Zur Sozialisation junger Frauen, Frankfurt am Main 1993.

Föderation der feministischen Frauengesundheitszentren (Hg.): Frauenkörper neu gesehen. Ein illustriertes Handbuch, Berlin 1987.

Hering, Sabine / Maierhofer, Gudrun: Die unpäßliche Frau. Sozialgeschichte der Menstruation und Hygiene 1860–1985, Pfaffenweiler 1991.

Mahr, Erica: Menstruationserleben. Eine medizinpsychologische Untersuchung, Weinheim 1985.

Martin, Emily: Die Frau im Körper, Frankfurt am Main 1989.

Nissim, Rina: Naturheilkunde in der Gynäkologie, Ein Handbuch für Frauen, Berlin 1992.

Ohlig, Adelheid: Luna-Yoga – der sanfte Weg zu Fruchtbarkeit und Lebenskraft, Tanz- und Tiefenübungen, München 1991.

Schlehe, Judith: Das Blut der anderen Frauen, Frankfurt 1987.

Shuttle, Penelope / Redgrove, Peter: Die weise Wunde Menstruation, Frankfurt am Main 1980.

Vogt, Irmgard / Bormann, Monika (Hg.): Frauen-Körper Lust und Last, Tübingen 1992.

Voss, Jutta: Das Schwarzmond-Tabu, Stuttgart 1988.

Weller, Stella: Schmerzfreie Regel. Vorbeugung und Behandlung von Menstruationsbeschwerden, Stuttgart 1988.

Film

Breitschmid, Beatrice: Mondblut feiern oder wie die Züricherinnen zu ihren Menstruationshütten kamen (Projekt Gaia), 1990, 22 Minuten, farbig. Verleih: Beatrice Breitschmid, Wasserwerkstr. 42, 8006 Zürich, Tel. 01/3626839

Wechseljahre

Selbsthilfe und Alternativen

Cooper, Kenneth: Osteoporose, München 1990.

Groth, Sylvia (Feministisches Frauengesundheitszentrum, Berlin): Wechseljahre. Eine Broschüre zur Selbsthilfe, Berlin 1990.

Hörning, Martin: Osteoporose. Vorbeugen und behandeln, Frankfurt am Main 1990.

Kraaz von Rohr, Ingrid: Die neue Weiblichkeit. Spiritualität und natürliche Heilkunde für die Lebensmitte, München 1991.

Kuratorium Knochengesundheit: Osteoporose. Ein Patientenratgeber. Kostenlos zu beziehen über: Kuratorium Knochengesundheit e. V. Heidelberg, Hettenbergrind 3, 74889 Sinsheim.

Lork, Susan M.: Die Menopause. Der glückliche Wechsel in einen neuen Lebensabschnitt, München 1992.

Meijer, Marianne/Huijsen, Leo P.: Homöopathie für Frauen, München 1993.

Notelovitz, Morris/Ware, Marsha: Aufrecht bis ins hohe Alter, München 1989.

Ojeda, Linda, Ph. D.: Wechseljahre. Der andere Weg, München 1993.

Schneider, Sylvia: Wechseljahre – die andere Fruchtbarkeit. Das Handbuch zur Lebensmitte der Frau, München 1987.

Unser Körper – Unser Leben. Über das Älterwerden. Ein Handbuch für Frauen, Reinbek bei Hamburg 1991.

Erfahrungsberichte, Interviews etc.

Biegel, Anne/Swildens, Helene: Wo ist denn meine Brille? Briefwechsel zweier Frauen über das Älterwerden, Heilbronn 1989.

Binkert, Dörthe: Ein Gesicht, das zu mir paßt. Frauen in der Lebensmitte ziehen Bilanz, Stuttgart 1990.

Daimler, Renate: Verschwiegene Lust. Frauen über 60 erzählen von Liebe und Sexualität, Köln 1991.

Klindworth, Gisela: Älterwerden. Lebenslaufweisen von Frauen, Bielefeld 1988.

Klostermann, Helena: Alter als Herausforderung. Frauen über 60 erzählen, Frankfurt am Main 1984.

Meinhold, Marianne/Kunsemüller, Andrea: Von der Lust am Älterwerden. Frauen nach der midlife crisis, Frankfurt am Main 1987.

Onken, Julia: Feuerzeichenfrau, München 1988.

Rashin, Barbara: Heiße Tage im September. Roman, Frankfurt am Main 1992.

Schmitt, Marianne (Hg.): Fliegende Hitze – Frauen durchleben Wechseljahre, Frankfurt am Main 1986.

Steinmann, Elisabeth: Ich bin so gerne alt. Lust und Last der späten Jahre, Frankfurt am Main 1993.

Weitere Sachbücher

Greer, Germaine: Ab 40. Über Frauen, wie sie leben, was sie denken, wer sie sind, Düsseldorf 1993.

Greer, Germaine: Wechseljahre, Düsseldorf 1991.

Krollpfeiffer, Hannelore: Älter werden ist ganz anders, München 1992.

Kuhl, H./Taubert, H.-D.: Das Klimakterium. Pathophysiologie – Klinik – Therapie, Stuttgart/New York 1987.

Martin, Emily: Die Frau im Körper. Weibliches Bewußtsein, Gynäkologie und die Reproduktion des Lebens, Frankfurt am Main 1989.

Minker, Margaret: Hormone und Psyche, München 1990.

Reitz, Rosetta: Wechseljahre – Ermutigung zu einem neuen Verständnis, Reinbek bei Hamburg 1990.

Schmid-Heinisch, Ruth: Frauenwende. Neuorientierung in der Lebensmitte, München 1988.
Sheehy, Gail: In der Mitte des Lebens. Die Bewältigung vorhersehbarer Krisen, München 1989.
Sheehy, Gail: Wechseljahre – Na und?, München/Leipzig 1993.

Die Frau in der Gesellschaft

Bonnie S. Anderson/
Judith P. Zinsser
Eine eigene Geschichte
Frauen in Europa
Band 1: Verschüttete Spuren
Frühgeschichte bis 18. Jahrhundert
Band 12049
Band 2: Aufbruch
Vom Absolutismus zur Gegenwart
Band 12050

Elisabeth Beck-Gernsheim
Das halbierte Leben
Männerwelt Beruf – Frauenwelt Familie
Band 3713

Jessica Benjamin
Die Fesseln der Liebe. Psychoanalyse, Feminismus und das Problem der Macht. Band 11087

Jessica Benjamin
Phantasie und Geschlecht
Psychoanalytische Studien über Idealisierung, Anerkennung und Differenz
Band 12858
(*in Vorbereitung*)

Susan Brownmiller
Gegen unseren Willen
Vergewaltigung und Männerherrschaft
Band 3712
Weiblichkeit
Band 4703

Roswitha Burgard
Mut zur Wut
Befreiung aus Gewaltbeziehungen
Band 12222

Anne Campbell
Zornige Frauen, wütende Männer
Geschlecht und Aggression
Band 12381

Andrea Dworkin
Pornographie
Männer beherrschen Frauen
Band 4730

Herausgegeben von A. Ebbinghaus
Opfer und Täterinnen
Frauenbiographien des Nationalsozialismus
Band 13094

Sylvia Fraser
Meines Vaters Haus
Geschichte eines Inzests
Band 4751

Fischer Taschenbuch Verlag

fi 14 / 24 a